# *UN TACHIRA REBELDE*

## *Crónicas de resistencia ciudadana*
## *2014-2015*

**Alans Peralta**

*Introducción*
**Luis Hernández Contreras**

**Ediciones Puño y Tecla**

# Un Táchira Rebelde

# Un Táchira Rebelde

## Crónicas de resistencia ciudadana 2014-2015

### Alans Peralta

Humberto Gonzalez Briceño, Editor
Colección Virtual de Temas Tachirenses
Ediciones Puño y Tecla

ISBN: 9781790567942

Fotografía: Alans Peralta
Diseño de portada y contraportada: Kiran
Diseño de páginas interiores: Ankit PK

Edición Digital:
Yotta Bay, LLC
7512 Dr. Phillips Blvd.
Suite 50-954
Orlando, FL 32819
U.S.A

*Al pueblo del Táchira, permanente protagonista de la
historia nacional...*

# *PRESENTACIÓN*

La rebeldía tachirense ha sido legendaria. Desde principios de nuestra historia republicana abundan testimonios sobre la reacción del Táchira frente al poder central.

Más que un irreflexivo regionalismo conducente a la separación del sistema político federal la rebeldía tachirense siempre ha sido una exigencia firme y contundente de respeto. Respeto a sus valores y respeto a su historia.

Cuando ese acuerdo básico de convivencia, el respeto, es vulnerado entonces la rebeldía surge. Es la expresión de rechazo firme al atropello físico y moral.

Este es el tema del libro Un Táchira Rebelde: Crónicas de resistencia ciudadana 2014-2015. La crónica cuenta en forma vívida las protestas civiles contra el gobierno nacional ocurridas durante Febrero de 2014 y Marzo de 2015.

Estas crónicas relatan la chispa que prendió el descontento y su desarrollo. El periodista Alans Peralta presenta los hechos en forma ética, profesional y balanceada. Tarea nada fácil en la Venezuela polarizada que hoy vivimos.

Para contextualizar esta magnifica crónica hemos integrado a manera de introducción un análisis socio-histórico preparado por el historiador Luis Hernández Contreras titulado "Táchira: ¿tierra de paz?" En este documento se presentan importantes claves para entender la conducta insurgente del Táchira que hoy asombra al resto del país.

Este libro es el número uno del esfuerzo editorial Puño y Tecla. Un proyecto para publicar y difundir las ideas de autores Venezolanos motivados a hacer análisis y reflexión sobre la coyuntura política y social que vive el país. Aquí queremos publicar obras no solo en formato digital sino en el ahora difícil y anticuado formato impreso.

Igualmente Un Táchira Rebelde es el primer libro de una selección que hemos llamado Colección Virtual de Temas Tachirenses. El objetivo de esta colección es la publicación de temas y autores tachirenses contemporáneos.

En ambos casos nuestro propósito es hacer una alianza con autores, escritores y pensadores para remover las barreras políticas y económicas en la difusión de las ideas en la Venezuela de estos tiempos.

Este es quizás el peor momento para lanzar una aventura editorial de esta naturaleza. El clima político en Venezuela conspira contra el libre flujo de las ideas. El clima económico hace difícil la producción y distribución de libros impresos. Pero aun así hay una minoría intelectual que se resiste a reconocer la victoria de las tinieblas y la obscuridad.

Orgullosamente somos parte de esa minoría que preferimos desafiar la sinrazón aunque esta se oculte detrás de un velo sospechosamente democrático.


Humberto González Briceño

# *INTRODUCCIÓN*
# *TÁCHIRA: ¿TIERRA DE PAZ?*

Es el Táchira tierra de paz, labrada luego de muchas páginas violentas y la cultura gestada en él nos hace distintos a los demás venezolanos. Ha tenido nombre propio, luego de la separación de este pedazo de tierra de la Provincia de Mérida. Sucedió que cuatro cantones de ésta: La Grita, San Antonio, Lobatera y San Cristóbal, pidieron con contundencia al gobierno de José Tadeo Monagas la creación de una provincia autónoma, erigida el 14 de marzo de 1856, nombrándose gobernador al zuliano Pascual Casanova. Desde entonces y por breve tiempo fuimos identificados así, surgiendo como Estado en 1864, al cese de la Guerra Federal que diezmó este país cuando aún abría sus jóvenes ojos.

Desde que el salmantino capitán Juan Maldonado hundió su toledana en 1561, en lo que sería la Plaza Mayor de San Cristóbal, todo aquí pareciera ser hecho a retazos. La propia San Cristóbal fue concebida como "villeta de paso" entre Pamplona y Mérida, siendo por tres siglos una insignificante población, un lugarejo con unos pocos vecinos que fueron aniquilados por terremotos y pestes, los que vieron pasar el grito comunero sofocado en Bailadores, los que recibieron a Bolívar en 1813 y 1820, para darle la espalda como lo hiciera la naciente Venezuela. Peso propio tendría San Cristóbal cuando fue nombrada capital de esa Provincia del Táchira en 1856. Su prodigiosa ubicación con caminos expeditos al llano vencidos a través de la Selva de San Camilo, a Cúcuta ascendiendo las Lomas del Viento y al sur del Lago de Maracaibo traspasando el morrachón de San Juan de los Llanos, luego Colón, la hicieron un envidiado sitio geoestratégico. Además, un fruto mágico se dio en sus contornos.

No teniendo La Grita, la capital colonial, semejantes bondades geográficas, la Villa de Maldonado le arrebató ese privilegio convirtiéndose en la capital del café, de esa paciente cosecha que unió familias en el largo trabajo de cuatro años esperando el oloroso grano, exportado por manos europeas y capitalistas a los puertos de Nueva York y Hamburgo sin ir jamás a Caracas. En la larga expectativa fueron interminables las cuentas del rosario desgranadas, los infantiles brazos se hicieron mozos aptos para el trabajo en la finca familiar, aprendiendo cuánto esperar y cuándo actuar. En la Villa y sus poblados vecinos llegaron viajeros de tierras lejanas. Extraños catires provenientes de Alemania, Italia y Francia montaron con sus barbas sus abastecidos negocios; morenos centranos llegaban en la comisión militar o política junto a los corianos que se hicieron del mando y los negros de la tropa; ricos llaneros de Barinas y Apure buscaron la paz huyendo del grito zamorano; mientras que reinosos y granadinos llegaron de Colombia trayendo en sus alforjas el periodismo, la fe católica, las ilustres letras, los finos modales, el tiple y el bambuco, amén de la violencia política de su agonizante y sangrada tierra. Esa mezcla, aunada a los merideños, zulianos y a los pocos indios e hispanos que estaban aquí fue conformando eso que llamamos "los tachiranos", "los tachireños" o "los tachirenses", como empezamos a ser nombrados cuando el Tormes pasó a ser Torbes.

El Táchira cogió rumbo propio pero aires de separación siempre estuvieron presentes. Fuimos anexados al Zulia, retomamos camino propio hasta que la violencia, la anarquía y el descontrol social se hicieron causas para que Antonio Guzmán Blanco, el primer benemérito que nos mandó, decidiera crear en 1879 el Gran Estado Los Andes y sus áulicos, muchos ex tachirenses aplaudieron la medida que unió Táchira, Mérida y Trujillo en una sola entidad gobernada por turnos entre Carlos Rangel Garbiras y Espíritu Santo Morales, con un solo monarca: "el león" trujillano Juan Bautista Araujo, "el gran patriarca godo". La llamada "autonomía del Táchira" se convirtió en tema frecuente transformándose la rebeldía en violencia. Se enconó un estilo de vida y una crónica del 17 de julio de 1886 indicaba el estado de San Cristóbal, una ciudad descrita con sus "ancianos y jóvenes vapuleados en las plazas públicas por los empleados de policía; machetes quebrados en las espaldas de ciudadanos inermes; la propiedad arrebatada como por piratas en alta mar; el hogar doméstico allanado brutalmente por los soldados y rondas de policía armadas de fusil y machete; señoras respetadas amenazadas de ser planeadas por esos mismos agentes de policía, y echadas de su hogar para ser ocupado para cuartel, hombres de lo más distinguido y honorable reducidos a la cárcel, cargados de grillos, puestos en el cepo a la intemperie, y criminales puestos en libertad y armados para matarlos al primer tiro del combate; potes de dinamita con mecha lista para hacer volar cuarteles y otros edificios al aproximarse las fuerzas libertadoras; las industrias monopolizadas; la libertad anulada en el campo del sufragio y en la esfera civil, ahogada toda manifestación y hasta el derecho de protesta, que es como la última válvula en la asfixia de la atmósfera política cuando impera la tiranía, como ha imperado en el Táchira".

Este es uno de los tantos testimonios que quedaron registrados sobre la violencia de esos tiempos, patentizada en esta villa donde creció el comercio europeo en la carrera seis, se constituyó el Colegio Nacional de Varones, se conformaron bandas de música para la retreta dominical y estableciéndose las escuelitas como mandaba el decreto de instrucción pública. Al lado de ello, de las mulas bajaban los pianos, los muebles de Viena, los espejos de cristal, las lámparas de bujías, las máquinas de escribir, constituyéndose una clase burguesa que trajo institutores para que sus hijos hablaran alemán antes que castellano, como sucediera con el niño Rafael Inchauspe, luego el universal Rafael De Nogales Méndez, militar y aventurero en cuatro continentes, rival del británico Lawrence, "Bey" en el ejército turco de la Media Luna.

Un seminarista capachero internado en Pamplona, empleado de las casas alemanas dejó la sotana y alzó su juvenil espada convirtiéndose en temprano guerrero. Fue Cipriano Castro gobernador de la Sección Táchira del Gran Estado Los Andes, señalándose como la esperanza del restablecimiento del orden perdido. Seguidor de Andueza Palacio, frustró Joaquín Crespo su primera ambición de llegar con tropas a Caracas. Luego de un exilio de siete años en la frontera entre San Antonio, Juan Frío, Chinácota y Los Vados, junto a un compadre rico, taimado, cazurro y malicioso, emprendió luego de varios acercamientos al Gobierno Nacional, una Revolución que trajo desolación y sangre una vez más en San Cristóbal.

La Restauradora liderada por Cipriano Castro y Juan Vicente Gómez incursionó en el paisaje tachirense desde su partida en Capacho el 23 de mayo de 1899. Semanas antes, la ciudad vivía una manifiesta abulia. Nadie avizoraba lo que vendría. En San Cristóbal "se pasan meses y meses y no se desarrolla ningún acontecimiento notable", decía una crónica. El 24 de mayo se incendiaron los montes de Tononó y a los tres días el olor a pólvora llegó a Las Pilas, cayendo las primeras víctimas pero no el gobierno de la ciudad. Juan Pablo Peñaloza hizo frente a la invasión y el 11 de julio se levantó el sitio luego de 300 bajas de uno y otro bando. Todo cesó cuando el Gobierno Nacional hacía presencia con su ejército expedicionario, entonces los alzados siguieron hacia Cordero y El Zumbador. Uno de los testigos, el comerciante alemán Henrique Rode, escribió que "todavía al tercer día de la invasión, el agua de lluvia que caía de uno de los aleros venía completamente teñida de rojo por la sangre de los muertos en el techo", refiriéndose a la casona de su firma comercial Van Dissel & Rode, ubicada vecina al sur de la Casa Andressen Möller, conocida desde 1899 como Steinvorth, al lado oeste de la actual Plaza Bolívar.

Tomado el poder nacional por Cipriano Castro bajo la promesa "nuevos hombres, nuevos ideales, nuevos procedimientos", el Táchira debió ser tratado como "una tierra especial". Un tratamiento político singular se le dio, como lo había hecho Guzmán Blanco con esa tierra indómita entre Delicias y Santa Ana, llamada el Territorio Federal Armisticio, gobernado por el general colombiano Leonardo Canal. Cuando Juan Vicente Gómez llegó el 1° de marzo de 1900 en su misión de jefe Civil y Militar del Táchira, lanzó su proclama anunciándose que "no soy extraño entre vosotros", agregando una fórmula de solución: "la hora de las reparaciones ha llegado. Ya es tiempo de olvidar viejas y odiosas rencillas que no son sino rémora para el progreso y entorpecimiento para los beneficios de la paz". La inquina que le manifestaba Celestino, hermano de Cipriano, fue suficiente para que le entregara el poder. Sin embargo Gómez decretó para el norte del Táchira, en lo que es La Fría y sus contornos, tierra áspera y fangosa, el Territorio Federal Zamora.

Todo parecía estar tranquilo, pero esa violencia impregnada en nuestro arquetipo, latente en nuestro inconsciente colectivo, dormida en nuestras venas, volvió a aflorar liderada por un tachirense que encontró el apoyo del gobierno colombiano para invadir el Táchira a fines de julio de 1901. Antiguo amigo y partidario de Cipriano Castro, el general y doctor Carlos Rangel Garbiras, al mando de seis mil hombres del ejército de línea colombiano invadió el Táchira llegando hasta Michelena y Colón causando destrozos, saqueos y tropelías por doquier. Una vez más San Cristóbal fue el epicentro del combate final, y con una estratagema aplicada en varios puntos de la ciudad, los tachirenses lograron la cobarde huida del invasor, quedando como resultado más de 800 bajas entre muertos y heridos, escribiendo años después el general José Antonio Baldó, uno de los actores, que "no fue posible enterrar a todos los muertos y se recurrió a quemarlos en piras de leña rociadas con kerosén, cuyo nauseabundo hedor duró mucho tiempo en la sensibilidad de nuestro olfato". Varios de los vencidos decidieron quedarse para hacer familia.

Así se ha escrito nuestra historia. Hace 100 años, exactamente, en 1914, "la mano negra" se apoderaba del Táchira. Gómez temía una incursión de Castro por tierra tachirense y envió a su primo "el catire Eustoquio" aplicar su mano bárbara y cruel, también progresista en este suelo. Más de 25 mil habitantes huyeron a lo largo de una década, quedando el viejo héroe, Juan Pablo Peñaloza, defensor del ancien régime como adalid contra la barbarie. Fueron varias sus incursiones fallidas, y en la de septiembre de 1920, dos gañanes fueron guindados vivos de la jeta, naciendo su inmortalidad primero en el árbol, luego en la capillita que recuerda a los llamados "ahorcados de Pirineos". El viejo revolucionario volvió a sus fueros en 1931, y cerca de Pregonero fue capturado por un campesino, para ser exhibido vilmente, humillado como león vencido por las calles de esta capital para ser enviado al Castillo de Puerto Cabello donde terminaron sus huesos un año después cargados de grillos de 60 libras. De todo esto diría Abel Santos, líder del exilio que volvió en 1925, que "no somos ni la vigésima parte de esa enorme masa de energías humanas y de capital, que la ola roja y negra de una incomprensión demente arrojó a la hospitalaria tierra colombiana".

Muerto el dictador, la euforia popular estalló en diciembre de 1935 con ansias de venganza. Entonces, "el plomo villano de los mercenarios", como fue calificada la atroz respuesta de los disparos hechos desde el Palacio de Gobierno, se estrelló contra los ciudadanos que manifestaron en la plaza Sucre con saldo de dos muertos y varios heridos. Abierta la puerta a los tiempos menos crueles de López Contreras, más cívicos pero no menos represores, sólo la voz del periodista Carlos Pompilio Maldonado dejó en el registro de la prensa esa ideología mezclada de comunismo y liberalismo, traducida en el pensamiento socialdemócrata, pues el socialcristiano saldría de la mezcla de todo lo conservador que existía, sumándose eso que hemos de llamar "los presidentes tachirenses hasta 1945". Queda de esos tiempos de López Contreras la Guardia Nacional, creada en 1937, fuerza cuyo primer puesto se fundó en el Táchira, en Peracal; estamento cuyo primer comandante fue un tachirense, Francisco Angarita Arvelo, seguido años después por los tachirenses Carlos Luis Araque, Lucio Cárdenas Ramírez y Luis Ramón Contreras Laguado; cuerpo de resguardo formado en la Escuela regida por un tachirense íntegro, el coronel Luis Vega Cárdenas. Fue más que tachirense la Guardia Nacional, pues ¿cuántos paisanos no tuvieron en su familia o en sus vecinos inmediatos, o en sus amigos frecuentes un hombre en sus filas? Debe ésta como institución, preservar la historia de su gestación y conducción, sin extraviarse tomando atajos distantes del fin que López pensó para ellas.

Fue Isaías Medina Angarita el único presidente nacido en San Cristóbal, en esta capital que vio sus veleidades infantiles de poeta; también el rechazo de los muchos suyos al verlo vestido de uniforme; la ciudad que lo recibió para que se divirtiera cuando era todopoderoso en el festín realizado en los clubes de abolengo, siendo aplaudido a tronar cuando inauguraba la cárcel de La Concordia y vitoreado por doquier, quedando abandonado en el fatídico octubre que partió irracionalmente la historia venezolana, debiendo salir dócil al exilio en Nueva York. Pasada la página, nuevas voces subieron a la tribuna: el comunista Francisco Guerrero Pulido, el bachiller Rafael Pinzón, Leonardo Ruiz Pineda, Rosendo Ovalles Durán y Luis Hurtado Higuera, los tres últimos inmolados por la barbarie, el rencor y la estupidez de los años por venir. Por cierto, sería en el trienio adeco, en el momento más virulento de la historia política regional del siglo XX, cuando Ovalles cayó asesinado por sus propios correligionarios, buscando prender la paja seca que tampoco se incendió, cuando en los actos del cuatricentenario del Descubrimiento del Táchira, en agosto de 1947, el presidente Rómulo Betancourt recibió la afrenta de un cerrero tachirense, Alejandro Colmenares, quien en el Club Tennis, en el momento del brindis lanzó iracundo su copa a los pies del mandatario, restregándole los tiempos cuando el juvenil líder, entonces comunista, dijo que los tachirenses "eran más colombianos que venezolanos". Un mes después, un grupo de 300 socialcristianos violentó la paz de Cordero asesinando al prefecto, su secretario y un agente policial, además de varios heridos. El sectarismo y el fanatismo triunfaban una vez más. El revolver en el cinto formaba parte del vestir de una época, pero los tiros no fueron a más, sólo sirvieron para aniquilar a los enemigos de la siguiente dictadura.

Pérez Jiménez y la Seguridad Nacional impusieron la paz muy a su estilo. El control absoluto sobre la sociedad se manifestó, hubo censura en la prensa y la radio, silencio en todos los aposentos, promoviendo a cambio "la transformación del medio físico". Grandes hoteles, escuelas, liceos, clubes públicos, avenidas, carreteras y recintos deportivos se levantaron en nombre de la "pax pública" adosada con la orquesta de Luis Alfonzo Larráin y el canto criollo de Magdalena Sánchez. Realizado el plebiscito que lo confirmó por otro período, nada vislumbraba que todo caería como el castillo de naipes en menos de un mes. Cuando Pérez Jiménez fue abandonado por sus pares de uniforme, fue olvidado y no apoyado por esa masa amorfa llamada "el pueblo", al igual que Medina. Entonces, sus seguidores quisieron volver a la fuerza, siendo Castro León el más sonado de todos con su alzamiento de abril de 1960.

Ante ello, Rómulo Betancourt, electo por el sufragio popular, el presidente que debió gobernar el Táchira con tres copeyanos a su lado, en razón de la fuerza verde surgida desde 1946, decidió bombardear el Cuartel Bolívar y el avión aterró a todos. La resistencia se atrincheró conducida por Carlos Andrés Pérez, y un grupo de militantes políticos unido a los estudiantes del Liceo Simón Bolívar y a la leal Guardia Nacional hizo huir al militar que fue capturado como Peñaloza, por unos sencillos campesinos de Capacho. La violencia resucitó con varios muertos, entre ellos un estudiante, también un  soldado desafecto que cayó abaleado por un político. Dos años luego, la ciudad volvió a conocer la anarquía cuando una huelga de transporte público, motivada por la imposición arbitraria de una póliza de seguro para sus vehículos, lanzó puntillas a las calles que debieron ser recogidas con las escobas atadas a los parachoques de los automotores, siendo eficaz la mediación realizada de nuevo por Carlos Andrés Pérez y el obispo Alejandro Fernández Feo, quien ese año abría esperanzas a la juventud estudiosa con la creación de la Universidad Católica.

Ha sido esta una tierra más que difícil, compleja y contradictoria. Un espacio que se debate entre el anatema lanzado por el educador Carlos Rangel Lamus: "el Táchira es víctima de sus propios hijos", y la sentencia de monseñor Carlos Sánchez Espejo: "el Táchira realiza lo que el Táchira quiere". Esa San Cristóbal pudo lanzar, el único Diario Católico que existe en este continente desde hace 90 años, obra de un revolucionario, Tomás Antonio Sanmiguel, el obispo de 36 años de edad que hizo un Seminario contraviniendo el parecer de los nuncios en Caracas; el mitrado que abrió colegios religiosos, trajo congregaciones y fue factor de paz a la salida de Eustoquio Gómez en 1925. Ha sido una tierra de avances y retrocesos, como aquel momento cuando se rechazó las proposiciones de Nelson Rockefeller, en 1947, al proponer prosperidad y negocios; al mismo tiempo sucedió con la misión oficial de Juan Pablo Pérez Alfonzo que ofreció adelanto en el campo y tractores. Entonces, en la asamblea, un "notable" espetó: "el buey es insustituible del paisaje tachirense". De avanzada fue el paso dado por un grupo de jóvenes que decidió promover y realizar la Feria Internacional de San Sebastián. Uno de ellos, Omar Mezza Ramírez, cinceló la frase "San Cristóbal ciudad cordial de Venezuela", convertida por la gente en "la ciudad de la cordialidad". En adelante, además de la profunda identificación religiosa de nuestro pueblo con la fe católica y de haber parido esta tierra siete presidentes que han ocupado Miraflores, nos identificamos ante el mundo por el evento de enero que hizo una feria agropecuaria que muestra la potencialidad y la voluntad de trabajo del campesino de nuestros páramos y llanos; que edificó una fiesta taurina con los mejores del orbe, entregando la alegría del fraterno compartir bailando en templetes, casetas y recintos diversivos; y por la pasión multitudinaria que produce la Vuelta al Táchira en Bicicleta que nos inscribió como sede de un Mundial de Ciclismo en 1977. De aquí parte el desarrollo de otra ciudad, con el urbanismo social representado en sus obras públicas y privadas como el complejo de Pueblo Nuevo con su plaza de toros, sus pabellones, su parque de exposición, su velódromo y su Universidad Nacional Experimental del Táchira, UNET, gestada bajo la presión de un paro general organizado en febrero de 1974, año en que por primera vez, la tolda blanca fue mayoría gracias al arrollador triunfo del tachirense Carlos Andrés Pérez, el primero que ocupaba el solio mediante el voto libre de los venezolanos, el primero que repitió semejante hazaña política por los mismos medios, y el primero que no pudo cumplir su mandato por todas las vicisitudes vividas apenas fue "coronado" en el Teresa Carreño. Transitó con valentía su arduo camino sin huir, convencido del ejercicio de las instituciones que respetó. Cuando volvió para pedir a sus paisanos el voto que lo llevara al Senado fue correspondido. Más tarde, al buscar una curul en la Constituyente fue desconocido por ese "pueblo", siendo derrotado por cuatro desconocidos montados en el portaaviones político del presidente Hugo Chávez.

Ha sido el Táchira siempre contrario al devenir nacional. Tal vez por ingenuidad o malicia. No participó en la Independencia, tampoco en la Guerra Federal, de allí que no estamos inscritos en los libros heroicos de nuestra historia. Sólo de aquí se dice que salió la Restauradora con 60 hombres y pudo haber paz en San Cristóbal hasta marzo de 1900. Fue también la única región venezolana invadida en 1901, la única sojuzgada por la década tiránica de Eustoquio Gómez que ordenó funestos telegramas en clave: "Calendario, Roberto y Mateo", en la vil traducción de "quemen, roben y maten", orden impartida contra Pregonero. Fue la última que reconoció el nuevo orden llamado "la Revolución de Octubre", y la única que durante el trienio 45-48 fue en contra del país que eligió a Gallegos, ganando en el Táchira, Rafael Caldera, eligiendo a través del partido Copei tres sacerdotes como diputados ante la Constituyente de 1947. En la naciente Democracia, fue la primera que sintió la avanzada de las intentonas militares desde 1960, rechazándola. La única con una huelga violenta de transporte, y de este modo logró también la creación de su universidad pública.

Somos contrarios por naturaleza y rebeldes por esa connotación ontológica, natural en nuestro ser, incrustada en nuestro arquetipo, la que se muestra a lo largo de nuestra historia institucional en delicados momentos cuando afloran esos temibles fantasmas, tan iguales a los de hoy. Este momento es sinónimo de inconformidad, de protesta natural, del rechazo a las políticas dirigidas a esta tierra, las que se han manifestado desde la negativa de los nuncios para crear el Seminario, hasta las decisiones de la Federación de Fútbol contra nuestro once amarillo y negro, divisa que nos identifica ante los demás. El maltrato dado a esta "tierra de paso", en la que se incubó el desconocimiento a su pasado, aposentándose en ella seres de diversas procedencias, sin arraigo, la han convertido en un puerto donde nadie se conoce, ni hay vecindad, ni confianza, menos tradición.

Somos tierra de paz regada con las lágrimas vertidas por la violencia. Tierra abandonada por los consistorios de Caracas, distantes en sus acomodadas oficinas; tierra sumida por sus contradicciones como esa inconclusa autopista a La Fría, como si se siguiera la orden inveterada y absurda de fundar "una villeta de paso"; un "matachín de pueblo" que no merezca los bienes de Dios. El triunfo del Táchira en varias de sus aristas ha sido la lucha contra estos fantasmas que aún vuelan entre nosotros. No ha sido nada fácil ser "tachirense en el Táchira", tierra también adelantada por los brazos que venidos allende estas montañas han forjado noble hogar y frondosa tarea en ella.

¡Cuánto nos ha costado llegar donde estamos, lograr lo que tenemos! Para seguir adelante, debemos vencer la maldición de seguir siendo "los parientes pobres", aquellos a quienes el gran poder les lanza los mendrugos sobrantes del gran festín rimbombante. Guardamos silencio cómplice ante el brillo de nuestro pasado y debemos reconocer las hojas negras y marchitas de un tránsito innegable. Es obligante vernos ante ese espejo que rechazamos y así aprender lecciones para el futuro. Esa amnesia histórica y cívica, dijo Ramón J. Velásquez, "es un peligroso mal, pues la histórica región puede convertirse en un puerto libre de gente de paso, ávidas de riqueza fácil". Vivimos hoy, desgraciadamente, esta tragedia. ¿Qué hicimos? ¿En qué nos convertimos? Que la historia, madre y maestra de vida, nos guíe con su sapiencia, pues bien se dice que "aquel que olvida su historia está condenado a repetirla". Fatalmente, es así.

Luis Hernández Contreras

# CONTENIDO

*El 5 y 6 de febrero la protesta arrecia ya no solo en la ULA Táchira sino en las cercanías de la Universidad Católica del Táchira en el barrio San Carlos.*

# UN TÁCHIRA REBELDE

*Ella avanzaba, según cuentan, por el Jardín Botánico de la universidad. De repente dos individuos se le abalanzan para someterla. Con gritos se defiende y algunos estudiantes escuchan y van en su auxilio, ahuyentando a los agresores.*

La salvan de ser violada. Esto ocurría en las instalaciones de la Universidad de Los Andes en el Táchira, a principios de febrero del 2014.

La noticia pasa, en el boca a boca, a ser conocida por toda la comunidad universitaria. Los líderes estudiantiles tenían varios días denunciando las condiciones de inseguridad en el recinto universitario: robos en el estacionamiento, atracos en algunos de sus espacios, la inseguridad.

El martes 4 de febrero, día emblemático para el chavismo en Venezuela, se realizan protestas estudiantiles con quema de cauchos. La reacción policial no se hizo esperar y el ambiente de protesta fue creciendo: dos estudiantes detenidos y cuatro agentes policiales heridos.

La represión, a consecuencia, fue contundente. Varios estudiantes fueron golpeados: las gráficas inundaron las redes sociales e incluso se convirtió en tema internacional de la cadena CNN que, el día 6 de febrero, mostraba testimonios e imágenes.

Varios de los estudiantes fueron a parar a clínicas privadas, temerosos de ser detenidos por las autoridades si acuden a centros asistenciales públicos. El 5 y 6 de febrero la protesta arrecia ya no solo en la ULA Táchira síno en las cercanías de la Universidad Católica del Táchira en el barrio San Carlos.

En las cercanías de la Residencia Oficial de Gobernadores se producen serios enfrentamientos. Las autoridades lo interpretan como un intento de toma de las instalaciones. La reacción represiva es contundente. La cifra de detenidos y lesionados se incrementa.

La dirigente estudiantil de la ULA, Gabriela Arellano, señala a medios de comunicación que la cifra de detenidos se eleva a 5 y no todos son estudiantes. Entre los detenidos se encuentra una joven comerciante.

Se convoca a representantes de diversos poderes, representantes de los detenidos y autoridades universitarias y la primera dama del estado, Carla de Vielma, que asume carácter de coordinadora de estas reuniones junto con la Secretaria General de Gobierno, María Gabriela Valera, a los fines de frenar la violencia.

Pero ya es tarde, el discurso radical de los voceros del gobierno regional, expresado en los medios de comunicación, la violencia en la represión y el traslado de los detenidos a Coro hace mella en la credibilidad de los voceros oficiales.

La situación en el Táchira empieza a tener eco en ciudades como Mérida y Caracas. Pequeños focos al principio pero que empiezan a propagarse. Son otros estudiantes que empiezan a ser solidarios con la situación de sus compañeros tachirenses.

10 de febrero 2014

3

*Leonardo y Reynaldo Manrique, Jesús Gómez, Gerard Rosales y Patricia Sarmiento, por orden de sus jueces, fueron recluidos en la Cárcel de Coro.*

# ¡NUESTRO GULAG!

*Fue al instante: las decisiones de los jueces de Segunda y Tercera Instancia de Control del estado Táchira de recluir en la cárcel de Coro, estado Falcón, a 700 kilómetros de San Cristóbal, a los cinco detenidos y procesados por los actos de protesta al frente de la Residencia de Gobernadores, me hicieron recordar la célebre obra de Aleksandr Solzhenitsyn, Archipiélago de Gulag.*

En esta obra, el autor narra su terrible experiencia como preso político en una cárcel para la "reeducación" de aquellos opositores a la dictadura soviética. Más campo de concentración que otra cosa, en donde se sometía a los opositores a humillantes torturas físicas y sicológicas, con el único objetivo de que reconocieran su delito: estar en contra del sistema comunista de los soviets.

Leonardo y Reynaldo Manrique, Jesús Gómez, Gerard Rosales y Patricia Sarmiento, por orden de sus jueces, fueron recluidos en la Cárcel de Coro. Y la pregunta lógica: ¿Por qué?

La función de un juez de control es garantizar que a los procesados se le han respetado todos sus derechos y garantías procesales, que las autoridades policiales han cumplido pulcramente con los procedimientos, que los fiscales no ejerzan imputaciones temerarias, carentes de argumentos o pruebas y que establezcan, en sus acusaciones, la presunción firme de que se ha cometido un delito por parte de los señalados, en fin, de que los derechos previstos en la Constitución se cumplan. Allí radica su control.

Pero, ¿hubo las garantías? ¿Se cumplió el control? No es solamente el hecho de que Leonardo no se encontraba en el sitio, se encontraba presentando a la misma hora, ironías de la vida, una exposición de Derecho Constitucional. Reynaldo se encontraba en la residencia de Gobernadores respondiendo un llamado de la Primera dama del estado para mediar en el conflicto. Patricia, estaba cerrando el local comercial que tiene con su esposo en cercanías de la Residencia preocupada por las protestas. Esas fueron las versiones de sus familiares aportadas a medios de comunicación nacionales y regionales.

Son también las denuncias hechas por organizaciones civiles y abogados sobre la violación de los procedimientos, la falta de pruebas incriminatorias contundentes, acusaciones sin fundamento que no le darían soporte o por lo menos crearían dudas razonables sobre la acusación presentada por la Fiscalía.

No se conoce la justificación de los jueces a sus decisiones. A los medios impresos regionales y nacionales familiares de los detenidos indicaron que el juez segundo, Richard Cañas, se habría justificado afirmando que en la cárcel de Coro "había seguridad porque no había armas y estarían seguros".

Al parecer, el juez tiene tiempo que no visita esta cárcel "segura" ubicada a 15 minutos de Coro, en el sector El Recreo. La cárcel, o comunidad penitenciaria como lo determina el argot institucional, tiene una capacidad para albergar 810 presos, según lo afirmaron las autoridades en su inauguración, en junio del 2008.

A pesar de ser relativamente nueva, ya ha presentado diversos problemas por violencia. Los más recientes: el 23 de marzo del 2013 los reclusos de la mínima 2 (se supone que un área en donde se recluyen a los detenidos menos peligrosos) denunciaron (El Nacional) una golpiza masiva por parte de la Guardia Nacional, indicando también que le fue suspendido, como castigo adicional, el traslado a los tribunales.

La respuesta no se hizo esperar y el 7 abril del 2013, la población penal reaccionó con un motín, huelga de hambre de cientos de reclusos, el secuestro de la visita dominical y la denuncia de que al interior había presos con granadas fragmentarias amenazando al resto de la población penal. El problema se extendió varios días hasta que hubo un acuerdo entre las partes.

El año pasado los propios presos señalaron que esta cárcel se encuentra saturada: solamente desde el Zulia fueron trasladados 500 presos en septiembre y el 20 de ése mes, los propios reclusos manifestaron su rechazo y preocupación frente al incremento de la población penal, ante periodistas y organizaciones de derechos humanos.

Es más señalaron que, el ya sobresaturado recinto, presentaba una alarmante situación de riesgo sanitario: "se reportan condiciones sanitarias irregulares, entre las que destacan afecciones dérmicas (escabiosis) e intestinales (amibiasis) en una parte significativa de la población".

Nuevos presos, nuevos problemas. La respuesta no se hizo esperar: el 7 de octubre del año pasado, en esta cárcel "segura y sin armas", familiares de 8 presos trasladados desde Sabaneta denunciaron, a medios regionales, que estos habían sido heridos de bala dentro del recinto penitenciario.

Así como se observan las cosas, a los cinco detenidos, se les quiere someter a condiciones tortuosas en esta primera fase del proceso. O ¿cómo calificar la decisión tomada ordenando recluir a los jóvenes procesados en una cárcel a 700 kilómetros de su ámbito natural, bajo un aislamiento real, lejos de familiares, de sus padres, hijos, amigos que les apoyen, en donde será complicado el proceso de traslado para sus próximas audiencias, en dónde serán dificultosas las entrevistas con sus abogado y ejercicio de su defensa?

Cualquier abogado penalista, cualquier preso, cualquiera de sus familiares puede decirles sobre las difíciles condiciones que a veces presentan los traslados desde Santa Ana del Táchira a tribunales en

San Antonio (55 km en línea recta o cuatro horas de carretera) o San Cristóbal (17,2 km en línea recta o una hora por carretera).

Ningún juez tachirense desconoce esta situación y lo que origina: retardos, alto índice de suspensiones de audiencias por falta de unidades para los traslados, la ausencia de logística para los funcionarios que deben trasladar a los procesados, la falta de interés de estos funcionarios, enfermedades de los detenidos, errores en las órdenes, imprevisión o factores internos dentro de los propios penales que impiden los traslados. Y si esto es aquí cerquita, ¡imagínense lo que representa a 700 kilómetros de distancia!

Estas decisiones se parecen mucho a una intención de aletargar, para los cinco detenidos, todo el trámite judicial, castigándolos, sometiéndolos a una tortura sicológica y de desgaste físico inhumano. Y más allá de ellos, a sus familiares directos.

De forma curiosa, por decir lo menos, con anterioridad, otros procesados vinculados a casos de resonancia pública del estado Táchira, fueron trasladados a Coro, convirtiendo este recinto en el destino "preferido" del sistema judicial para este tipo de casos: acusaciones penales con impacto político en la región.

Cosas o no del destino, Juan Vicente Gómez usó a Coro para el destierro de tachirenses opositores a su régimen de la misma forma que los soviéticos usaron los Gulag para sus propios disidentes.

¿Se repite le historia?, ¿ya tenemos los tachirenses nuestro propio Gulag?


11 de febrero de 2014

9

*Los estudiantes toman las calles de la capital del estado andino para exigir la liberación de sus compañeros.*

# *SE PRENDIÓ LA COSA*

*Una semana ha transcurrido. Siete días continuos de protestas y acciones de calle encabezadas, fundamentalmente, por los estudiantes.*

Los días 10 y 11 de febrero los estudiantes de la ULA Táchira, UNET y UCAT, en asamblea deciden seguir en la calle para exigir la liberación de sus compañeros detenidos y trasladados a Coro. En esas fechas se producen protestas y detenciones en Mérida.

Los estudiantes toman las calles de la capital del estado andino para exigir la liberación de sus compañeros. Los enfrentamientos son crudos y se producen 8 detenciones de estudiantes.

Ante el silencio informativo impuesto por el gobierno nacional, que denuncia la puesta en marcha de un plan para derrocar al Presidente Maduro, las redes sociales se transforman en el primer vehículo de comunicación masiva de los grupos en protesta.

El 12 de febrero se realizan marchas estudiantiles en todo el país. Estudiantes que apoyaban al gobierno y otros que se le oponen. En rutas distintas, pero la violencia era el presagio.

En Caracas, dentro del marco de las manifestaciones, empiezan a reportarse las muertes: un líder de colectivos chavistas y dos estudiantes fallecen en sucesión de eventos. 3 muertos, 66 heridos, 69 detenidos, daños a la propiedad pública y privada en varias ciudades.

El presidente ordena el control de las autoridades regionales, especialmente en el foco de inicio de las protestas: el Táchira.

14 de febrero 2014

*Crece el sentimiento de rabia que exige la salida del gobernador.*

# *VIELMA: DEL TÁCHIRA POTENCIA AL TÁCHIRA IMPOTENCIA*

*El gobernador del Táchira se encuentra transitando su propio laberinto. Atrapado entre las masivas protestas populares que han tomado a la entidad desde hace dos semanas y su fidelidad al proceso político al cual pertenece, ha visto la erosión progresiva de su autoridad como primer mandatario regional al serle impuesta desde Caracas una intervención militar.*

No es que sea la primera vez que vive este laberinto. Sintió el ostracismo al ser destituido del SENIAT y dejar de ser bien visto en el círculo cercano a Chávez manteniéndose retirado, a la sombra. Pero conservó inalterable su imagen de "gran gerente", del "líder" lo que ayudó, en gran medida, al éxito de su campaña para ser gobernador y la promesa de hacer del Táchira una potencia.

Hoy de la imagen queda poco. Ante el colectivo tachirense el "gran gerente" ha sido diluido por un torpe manejo de la protesta estudiantil que se transformó en el detonante de la movilización nacional. Las actuaciones en medios, tanto de su esposa como de la Secretaria de Gobierno, las equivocadas detenciones de tres estudiantes y una joven comerciante, las absurdas decisiones de dos jueces de control y el posterior envío de estos cuatro al gulag tachirense de la Cárcel de Coro, no hicieron sino atizar el caldeado clima liberando las iras acumuladas de los ciudadanos del Táchira.

Lo de los estudiantes no fue sino la gota que desbordó el vaso. La rabia por las colas, el crónico racionamiento de alimentos y combustible, las constantes humillaciones al tachirense por parte de las autoridades nacionales, la matraca de los militares en la frontera a comerciantes, empresarios y ciudadanos, los excesivos controles impuestos, las cientos de promesas incumplidas, todo explotó emocionalmente.

Luego vino la decisión de Maduro de intervenir, militarmente, al Táchira rebelde. Guardias Nacionales, tanquetas, paracaidistas, aviones. Esto transformó la autoridad de Vielma en una ilusión: lo reconoce él mismo cuando afirma que, tan igual que los sancristobalenses, fue sorprendido por el sobrevuelo de los Sukhois. Es decir, nadie le avisó a él, gobernador, del Psuv, hombre del 4/F, sobre esta acción de guerra sicológica. Le pasaron por encima.

Vielma otra vez transita el camino al ostracismo. Pareciera que su propia gente lo quiere arrinconar y convertirlo en el "chivo expiatorio".

La muerte de Jimmy Vargas, la brutal represión contra el pueblo tachirense por parte de los efectivos militares, el casi centenar de detenidos o procesados derivados de la protesta, el uso excesivo de gases, perdigones y balas contra familias en conjuntos residenciales y el continuo desprecio y criminalización a los líderes y razones del alzamiento cívico tachirense, no permite esperar sino una mayor resistencia del pueblo del Táchira lo que pondrá al Gobierno nacional en la frontera cercana al descarnado militarismo represivo.

Crece el sentimiento de rabia que exige la salida del gobernador. La promesa de Vielma de un Táchira potencia ahora no es sino la expresión de un triste, amargo y solitario sentimiento de impotencia.


24 de febrero 2014

15

*Guerra sicológica con el sobrevuelo de aviones de guerra sobre San Cristóbal*

# MANU MILITARI

*La expresión proviene del latín y traduce una acción: por la fuerza de las armas. En el Blog de Lengua de Alberto Bustos, se presenta una acepción que traduce "con mano dura, sin andarse con contemplaciones".*

Esta última recoge con mayor intensidad a mi entender, la misión de "pacificación" que actualmente ejecuta el Gobierno Nacional, a través de sus fuerzas militares para el control del Táchira y la sofocación de algunos "pequeños focos" de violencia que señala el presidente Maduro, aún actúan en el Táchira.

Pero Maduro se engaña de largo a largo.

Y es que las manifestaciones en el Táchira entero (no solo en San Cristóbal, la capital, sino también en las ciudades intermedias Colón, Táriba, Coloncito, San Antonio, Palmira, Ureña, La Grita, entre otras) pasaron de ser el reclamo de los estudiantes universitarios por la inseguridad (que por cierto el fin de semana cegó la vida del universitario Danny Melgarejo) a la válvula de escape del hastío por años de humillación, vejación y maltrato del poder central contra el Táchira y sus ciudadanos.

Con la excusa de la "lucha contra el contrabando" se ha sometido a este estado de Venezuela a un racionamiento de gasolina, de alimentos, a la corrupción en la expedición de las guías de movilización por funcionarios de Caracas, al matraqueo (coima) a nuestros comerciantes y productores agropecuarios en las alcabalas por parte de las autoridades (a pesar de tener todos los permisos y cumplir la normativa legal se hizo un costo adicional de producción la corrupción). Nos han sometido a la negación de recursos a las administraciones estadales o municipales no afectas al proyecto socialista, a la discriminación, al trato denigrante y genérico como contrabandistas o, en mayor extensión, tierra de paracos.

Hemos sido también las víctimas de las decisiones políticas en cada vaivén esquizofrénico que tiene este gobierno en sus relaciones con Colombia, lo que ha destruido miles de empleos y empresas en el eje fronterizo binacional. Cada vez que le da la gana el gobierno cierra las fronteras sin aviso, por largos períodos de tiempo sin importar los seres humanos que habitan allí y que sobreviven gracias a la relación comercial con el Norte de Santander.

Tachirenses han sufrido del despojo de la propiedad sobre sus tierras en la zona de alta montaña y piedemonte andino con absurdas decisiones judiciales como en el caso de la Comunidad Morales decisión tomada por la justicia bolivariana. Hemos sido engañados con grandilocuentes anuncios de acciones de gobierno fracasadas como el famoso plan café (del cual se extraviaron cientos de millones de bolívares) empobreciendo y exterminando los tradicionales campos cafetaleros, la prometida Planta Fosfaquímica de Navay, cuya inauguración se ofreció para el año 2005 y de lo cual solo tenemos hoy un aviso a la entrada de una finca en la zona sur.

Nos han visto la cara de tontos (o toches como se dice aquí en el Táchira) al anunciarnos la construcción de un complejo agroalimentario en La Fría, del cual solo queda un exiguo galpón a pesar de los millones invertidos. Nos volvieron a prometer la conclusión de la autopista San Cristóbal/La Fría (y vergonzosamente muchos tachirenses volvieron a creer), que si el complejo textil y metalmecánico en la frontera, que ahora sí se iba a concluir el complejo hidroeléctrico, el rescate de la liofilizadora de café en Bramón, el acueducto de El Mesón en San Antonio, el de Fernández Feo, etc. etc.

El Táchira se convirtió en un estado de colas. Mucho antes que estas fueran parte de la cotidianidad en Caracas y el resto del país, ya los tachirenses hacíamos colas para comprar gasolina, para adquirir alimentos (leche, harina, pollo, arroz, papel, crema, aceite, mayonesa, mantequilla, entre otros) cuyos cupos establecen funcionarios del Ministerio de Alimentación y SADA en Caracas bajo una metodología sui generis que depende, exclusivamente, de la observación subjetiva del funcionario de turno.

Colas para trasladarnos en los 42 kilómetros hasta la frontera (incluso en cinco o seis horas) por los operativos "anticontrabando" en alcabalas de la Guardia Nacional, del Ejército, de cuanto funcionario se le ocurra actuar.

Más de una vez han tratado al Táchira y sus ciudadanos como agentes de otro país, un tercero que está ubicado en el corredor fronterizo entre Colombia y Venezuela. Incluso han puesto la frontera en el puesto militar de Peracal, a la salida de San Antonio, como si esta fuera el límite con Colombia y en La Pedrera, como si fuese la frontera con Venezuela.

Han sido tantas las promesas incumplidas y los abusos cometidos que la sociedad tachirense llegó a nivel de hastío tal que la acción estudiantil fue apenas la gota que desbordó el vaso y desató las intensas protestas que hoy vivimos.

Y frente a esto la respuesta del gobierno nacional ha sido: manu militari. La vergonzosa actuación de funcionarios militares reprimiendo a la gente, golpeando a los estudiantes y ciudadanos, asediando urbanizaciones con un indiscriminado bombardeo de gases lacrimógenos y disparos de perdigones a casas, apartamentos, peinillazos a quien esté en el simple papel de observador.

La implementación del manual de guerra sicológica con el sobrevuelo de aviones de guerra sobre nuestro territorio y complementado con la creación de una amenaza externa que justifique la represión: la presunta penetración y conducción del paramilitarismo colombiano en nuestro territorio para organizar las acciones de protesta.

Para Maduro las protestas en el Táchira se deben a la acción de 120 paramilitares (hasta tuvieron tiempo de contarlos), la dirección de Álvaro Uribe y, para no salir del guión, el pago de agentes de la CIA y el imperio norteamericano que "actúan" en nuestro territorio, además de sus aliados burgueses.

Y uno pregunta: si tan controlado tienen esto, ¿por qué no actúan contra los famosos 120 y los detienen? ¿Por qué la represión contra todo el pueblo?

La realidad es mas terca que la mentira: sinceramente, cuando veo la indignación de ciudadanos comunes y corrientes que con fuerza le dan por horas a las cacerolas, cuando vemos las enormes barricadas levantadas, las pintas en las calles y paredes, la disciplina de los hombres y mujeres arengando en las multitudinarias manifestaciones, los mensajes en redes sociales (único instrumento de comunicación masiva) el incansable espíritu de los adultos de tercera edad marchando una y otra vez cuando se les convoca, o la sociedad pacíficamente haciendo retroceder tanquetas, efectivos militares, motociclistas a pesar de sus amenazas y poder de fuego u otros construyendo aviones de papel para burlarse de los Sukhoi o imaginarios embarcaderos en el Torbes para recibir la Marina de Guerra, yo no veo ni paramilitares, ni CIA, ni Obama, ni Uribe, ni burgueses, ni apátridas, ni escuálidos, ni nada que valga.

Lo que vemos aquí, señor Maduro, es un pueblo, con el perdón de la palabra, arrecho, hasta la coronilla, cansado de la incompetencia de un gobierno que ha sido incapaz de darle calidad de vida, que ha recibido y es víctima de la inseguridad social, jurídica, del malandraje institucional, de un empobrecimiento general como respuesta a su esfuerzo. Cansado de un militarismo absurdo: una manu militari que la única respuesta que va a recibir es la de un pueblo cada vez más aferrado a sus convicciones, dignidad y orgullo.

23 de febrero 2014

21

*En Venezuela la paz no se edifica en una cumbre.*

# EL EMPINADO CAMINO DE LA PAZ

*La paz es más que la palabra. La paz, como lo hizo Ghandi, como lo hizo Mandela, se construye con permanentes acciones diarias que traducen, en hechos concretos, el discurso. Es allí cuando la paz deja de ser hueca.*

En Venezuela la paz no se edifica en una cumbre. La paz se edifica cuando el discurso oficialista empiece a reconocer la existencia del "otro" no como enemigo, apátrida, agente del imperio, de Uribe, guarimbero, fascista (sic.), sino como venezolano, con los mismos derechos y deberes que se encuentran en ése contrato social que es la Constitución de 1999, especialmente cuando este "otro" representa un poco más de la mitad electoral del país, según los resultados de los últimos procesos electorales.

Vamos en camino de paz cuando se despolitice la justicia y sus instituciones fundamentales para el equilibrio democrático como el TSJ y la Fiscalía General de la República, cuyos voceros siquiera guardan la compostura y afirman ser parte de una mal llamada "justicia revolucionaria", que no existe en nuestra Carta Magna.

Transitaremos el camino de la paz cuando se proceda, tal y como lo manda la misma Constitución, en la Asamblea Nacional a elegir magistrados independientes en el TSJ y cuando se elija al Contralor General de la República también con equilibrio y sindéresis institucional.

Caminaremos a la paz cuando se reconozca la presencia de los parlamentarios de oposición en la Asamblea Nacional, asignándole las presidencias y vicepresidencias de las comisiones a las que tienen derecho como representantes de una porción importante del país, cuando se respete su dignidad y cesen las amenazas de atentar contra la institución de la inmunidad parlamentaria construyendo acusaciones sin pruebas reales o verificables mediante la elaboración de expedientes.

Construiremos paz cuando el Ejecutivo Nacional reconozca la existencia de colectivos que se identifican como chavistas, radicales, armados por el mismo gobierno, proceda a desmantelarlos, incautar sus armas y se abran los procesos judiciales para castigar todas sus acciones al margen de la ley. Mientras sus líderes paseen abiertamente por las calles a pesar de las órdenes de captura nacionales e internacionales, mientras el Gobierno se empecine en negar su existencia, fines y acciones en contra de civiles indefensos como parte de una operación de permanente guerra sicológica, será nulo el avance de la paz.

Haremos un favor a la paz cuando el Gobierno Nacional deje de castigar a la iniciativa privada con expropiaciones, chantajes, leyes punitivas y totalmente subjetivas que han dejado postrada la industria haciendo inviable su actividad.

Marcharemos hacia la paz cuando sean enjuiciados y castigados los responsables materiales de todos los asesinatos y violaciones a los derechos humanos ocurridos durante la represión policial y militar a la protesta en febrero 2014 y cuyos rostros y acciones se encuentran registrados en videos, gráficas, testimonios, entre otros. La paz podrá venir cuando el Gobierno deje de negar estas violaciones de derechos humanos, cuando se deje de hostigar a las víctimas, cuando abandone las tesis de solidaridad automática y prometa, por lo menos, investigar la denuncia sin prejuicios, sin descalificaciones.

La paz tendrá un camino menos empinado cuando se proceda a liberar a Simonovis, a Leopoldo López, a los policías injustamente presos por los hechos de abril, a los manifestantes procesados por los hechos de protesta en febrero 2014. La paz se consolidará cuando algunos voceros del oficialismo dejen de afirmar categóricamente que los únicos heridos de estos hechos son los guardias nacionales, los policías y los afectos de su causa.

Nos enrumbaremos a la paz cuando el Gobierno deje de echarle la culpa a terceros de todos sus errores y fracasos, no asumiendo sus responsabilidades, sus omisiones y abandonos. Tendremos paz cuando la autocrítica y la humildad hagan casa en el poder político nacional.

Seguramente tendremos paz cuando cese la persecución a funcionarios públicos por ser miembros de un partido político de la oposición, por manifestar su absoluta independencia o exigir el respeto a su condición de funcionario de carrera. La paz será hecho cuando nadie sea obligado a asistir a una marcha a favor del oficialismo so pena de perder su puesto de trabajo.

Se hará un gran favor a la paz cuando los medios de comunicación del Estado venezolano cesen las acciones de destrucción moral de los calificados "enemigos" del proceso forjando presuntas pruebas de delitos, presentando grabaciones ilegales, manteniendo una visión parcializada de la realidad, burlándose del que no está en su línea. Cuando los medios del Estado abran sus espacios a los ciudadanos, cuando se presente la realidad y se sancione, según lo prevé la Ley, a aquellos "comunicadores" que incitan al odio y la violencia se estará abriendo el camino a la paz.

Quedan sin nombrar aquí muchos otros hechos necesarios para la construcción de la paz en Venezuela. La paz, repito, es más que las simples palabras, saludos, abrazos, fotografías o apretones de mano.

Ojalá el llamado de paz no sea un contenedor vacío, una palabra hueca, una estrategia, un teatro más.

27 de febrero de 2014

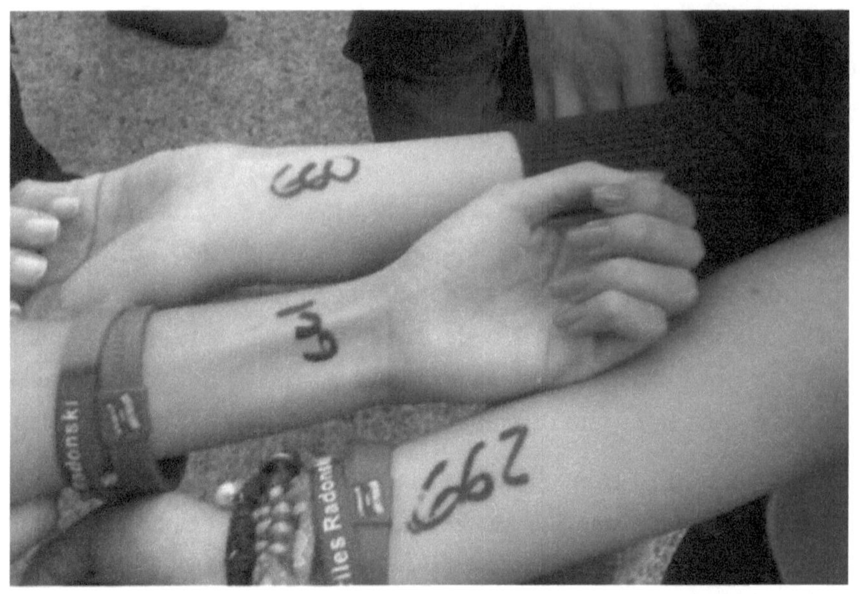

*Contando los días para que este absurdo termine.*

# SAN CRISTÓBAL: QUE LLEVAN, QUE HAY, QUE QUEDA

*Una crónica de la cotidianidad en la capital del Táchira tras un mes de protestas*

Muy temprano empieza la rutina. Apenas amaneciendo, dos o tres de la familia, más vecinos, amigos organizan los grupos para caminar la distancia necesaria a fin de aprovisionarse en los supermercados que se mantienen operativos.

Esta es San Cristóbal, capital del estado más solidario y duro, en el marco de la protesta nacional en contra del gobierno de Maduro.

Los que tienen carro o moto intentan superar los obstáculos colocados en las calles. La mayoría, dependientes del aún suspendido servicio de transporte público, caminan como nosotros amaneciendo entre los restos de las refriegas anteriores entre policías y estudiantes, saludando a los vigilantes que se mantienen cerca de las barricadas, toda la noche, para alertar sobre la llegada de los militares o de los grupos motorizados que atacan a los ciudadanos, atemorizando mediante el uso de la amenaza verbal, a golpes, o con las armas de fuego.

A esa hora nuestro grupo sigue caminando, algunos con morrales vacios que aspiran llenar con productos de primera necesidad. Otros grupos nos comentan que en tal o cual supermercado hay papel, harina, mantequilla, leche, mayonesa. También nos dicen que ya hay escasez de café y que ni soñemos con el jabón de baño o el aceite,  que ya tienen semanas, incluso desde antes de las protestas, desaparecidos de los anaqueles.

Nos encontramos con unos jóvenes encapuchados cerca de una de las tantas barricadas en el camino. Allí aún humea la basura producto de la quema en la madrugada, "por acá vinieron los motorizados…le caímos a piedra y los sacamos… estaban tirando cadenas a los cables de luz para ver si provocaban un cortocircuito y nos dejaban sin luz, pero los pusimos a correr", no dicen entre otras historias de la batalla nocturna.

También nos alertan sobre el cuidado que tenemos que tener al atravesar las barreras: "hay miguelitos", pequeños trozos de manguera plástica atravesadas por clavos que tienen el fin de desinflar los cauchos de las tanquetas o motos que se acerquen a destruir o penetrar las barreras.

Unos cuantos metros más allá unas señoras reparten café en su grupo. A diferencia del anterior es gente ya madura, vestidos de manera informal. Los hombres corren un tronco para cerrar mejor el paso. Hablan entre ellos, se organizan dan instrucciones.

Nuestro grupo sigue, buscando el objetivo, avanzando entre los obstáculos: bolsas de basura, troncos, alambres, cauchos, cocinas, neveras, vidrios partidos, hasta la carrocería de un carro. Todo lo que pueda servir para frenar el "avance" de lo que el Gobernador del Táchira llamó, en una rueda de prensa, "zonas liberadas" apelando a un lenguaje militar.

Cuando arribamos al supermercado nos encontramos con una cola de cuatro cuadras. Personas en fila para entrar al local. Apenas son las siete y diez de la mañana y cientos ya habían llegado antes que nosotros. "Pasan en grupos de 30 a la vez", nos confirma uno de la cola.

Como si fuéramos escáneres humanos escrutamos las bolsas de los afortunados que ya van saliendo del local. Mantequilla, jabón de baño, papel. Harina no se ve, menos leche, no vemos nada de mayonesa. Pero por lo menos los tres primeros hacen que valga la pena el sacrificio.

Dos horas después de haber llegado, podemos entrar. Una reja protege al local de cualquier exceso. Cuando la atravesamos sentimos el alivio y nos disponemos a cumplir con la "misión". Una rápida carrera, decisiones prontas para aprovechar al máximo el momento.

Cada uno sabe que hacer: tú buscas la mantequilla, mayonesa y aceite si hay. Yo me voy a la charcutería a pedir allí y tú agarras el carrito y haces el recorrido. Ya sabemos que hay límites en los productos: no venden más de dos unidades y, en casos extremos como vaya el inventario del supermercado, solamente un solo paquete. "Es para que alcance para todos" se excusa una cajera. Pero divididos en tres compradores individuales, multiplicamos nuestra fuerza.

Al rato: ni aceite, ni mayonesa, ni mantequilla (que si la había pero ya se había acabado), ni harina. Reporte de operaciones: papel si, jabón de baño si, jabón en polvo sí. Carne, apenas la del refrigerador, pollo nada. Con otras cosas se arma, a la salida el traslado. Hay mototaxis que se arriesgan pero ellos cobran bien caro el traslado.

Ni modo, hay que caminar.

Por otra ruta y llenos de recomendaciones iniciamos el retorno: "metan el papel en bolsas negras porque hay motorizados que están robando". Al parecer el hampa aprovecha el anuncio del Gobernador: "no vamos a salir a la calle, ni policías ni Guardias, hasta que se eliminen las barricadas. No vamos a arriesgar la integridad de nuestra gente".

Es decir: nada de seguridad sino las acciones de represión de la protesta.

Así que, con precaución. Con nuestro propio riesgo. Al salir, los que aún están en la cola nos someten a las mismas miradas escrutadoras: que llevan, que hay, que queda. Decidimos, por seguridad, otra ruta: una avenida principal, más concurrida. Vamos a tardar más tiempo para llegar a la "base", pero tenemos más opciones de defendernos.

Ahora atravesando las barricadas con mayor dificultad por las bolsas. En el camino la gente que pregunta: "¿Hay papel?, ¿en dónde?, ¿cuánto venden?, ¿aceite?" Todo el mundo quiere información, otro bien bastante apreciado en esta ciudad. Tenemos que marchar a ritmo porque a la una de la tarde todo se cierra. Los accesos se tapan y sus vigilantes se vuelven más intransigentes.

Con suerte, poco a poco llegamos a la casa. La "base", con satisfacción. Tranquilos. Pensando en caminatas más largas para conseguir lo que nos faltó, procesando la información que recogimos, contando los días para que este absurdo termine.

03 de marzo de 2014

31

*La ciudad amaneció con barricadas reforzadas*

# EN SU DÍA, CHÁVEZ PASÓ A SEGUNDO PLANO

*Para la agenda informativa nacional e internacional las protestas, una desobediencia militar y el rompimiento diplomático con Panamá fueron más noticia que el primer aniversario de la muerte del extinto líder de la revolución bolivariana.*

El Gobernador del Táchira, José Gregorio Vielma Mora, llamó en rueda de prensa el día martes 04 de marzo, al reinicio total de las actividades económicas y sociales en el Táchira para este miércoles, con el fin de superar los hechos que han tenido a este estado de Venezuela en la palestra pública nacional e internacional.

Sin embargo, llegado el miércoles, la respuesta fue otra.

Después de una noche y madrugada en donde se denunció la presencia de grupos de motorizados en el sector de Barrio Sucre, en donde se escucharon detonaciones de armas de fuego, la ciudad amaneció con barricadas reforzadas, mayor presencia de obstáculos y una masiva concentración y marcha de opositores que recorrieron la ciudad desde El Obelisco hasta la Plaza Miranda pasando en su recorrido por amplios sectores populares de la ciudad capital.

Como los días anteriores, la normalidad no se recuperó. Todos estos eventos transcurrieron en un día que se esperaba fuera de manejo mediático focalizado por parte del oficialismo ya que este miércoles 05 se cumplía el primer aniversario del fallecimiento del líder bolivariano Hugo Chávez. Las protestas en diversas ciudades del país, las informaciones sobre la detención de tres coroneles de la Guardia Nacional pertenecientes al Core 2 presuntamente por no acatar órdenes de reprimir a los manifestantes en la capital del estado Carabobo, Valencia, la extraña caída de la bandera cubana en pleno acto de recibimiento del presidente de ése país, Raúl Castro y, por último, el anuncio del mismo Nicolás Maduro de rompimiento de relaciones diplomáticas con Panamá, hizo que los actos conmemorativos al aniversario luctuoso, pasaran a segundo plano informativo.

Por lo que se ve nada fue como se planificó. Chávez, el principal producto mediático del madurismo, quedó tras bambalinas.

Una marcha multitudinaria

Pero quien si fue la estrella del día de hoy en el Táchira, fue la parlamentaria y líder de la oposición nacional, María Corina Machado, quien encabezó la marcha de los sancristobalenses después de una breve intervención y bajo un sol inclemente.

Machado arengó a los presentes, reconociendo que en el Táchira había sido el avivamiento de la llama libertaria del país desde hace un mes. Destacó el papel de los estudiantes tachirenses en la lucha por la libertad y defensa de los valores ciudadanos, pero manifestó en su intervención que ya esto era un movimiento social masivo.

"Destaco la valentía de mis queridos gochos. Ustedes han hecho esto posible", afirmó bajo los aplausos.

Luego se inició la marcha, de casi 9 kilómetros y miles de ciudadanos, por sectores populares. Los organizadores querían enviar un mensaje al gobernador Vielma que ha afirmado que el apoyo a las protestas solamente se ha concentrado en sectores de clase media y alta de la ciudad y no en sectores populares, "que son territorios liberados", según una de sus afirmaciones recientes.

La marcha multicolor concluyó en la Plaza Miranda de la parroquia La Concordia, que concentra los sectores más populares de la ciudad capital del Táchira. Allí se leyó un comunicado de los estudiantes en donde se ratificó su rechazo a la mesas de paz convocadas por el Gobierno nacional y que se instalaran en San

Cristóbal este jueves 06, según lo ratificó el presidente Maduro en cadena nacional.

"No habrá diálogo mientras sigan detenidos estudiantes, mientras no se libere a Leopoldo López, el comisario Simonovis, mientras se siga reprimiendo al pueblo mediante ataques de la Guardia Nacional, represión con bombas lacrimógenas, perdigones y disparos. No habrá dialogo mientras sigan operando colectivos armados atemorizando a ciudadanos indefensos con la anuencia del Gobernador Vielma y el Presidente Maduro", dijeron los estudiantes en su comunicado.

### Una cumbre sin auspicios

En el recorrido se pudo percibir un reforzamiento de las barricadas, especialmente en aquellas que dan acceso al Barrio Sucre, uno de los sectores más combativos de la ciudad durante este periodo que ya llega a un mes continuo de protesta.

Incluso con el jocoso rebautizo de sectores. Ya Barrio Sucre no se llama así sino "Sucrania", con un gran aviso para ratificar la acción. Uno de los encapuchados dijo que esperan el asalto de la Guardia Nacional y los "paracolectivos", como llaman a los grupos promaduristas armados, en la noche madrugada de este miércoles y jueves.

Este jueves se instalará la cumbre por la paz pero no se conoce quienes serán los interlocutores que representarán los sectores de la sociedad tachirense. Al parecer la agenda es abierta pero no se ha definido como será la metodología y quienes representaran al gobierno nacional y regional, salvo el propio gobernador Vielma.

En la calle, en la marcha, nadie le da vida a este encuentro. Lo cierto, la verdad del caso, es que se mantiene el debilitamiento de la legitimidad del primer mandatario regional. Y los estudiantes siguen contando los días de plazo que le dieron para renunciar.

06 de marzo de 2014

En Cuba son llamados "chivatos" los vecinos delatores y "polivatos" los vecinos que, además de delatores, tienen funciones policiales represivas.

# DE LA "INTELIGENCIA SOCIAL" Y LA CHIVATERÍA

*Prevención, control y represión forman parte de un híbrido que mezcla acciones de civiles colectivos y organismos policiales frente a las protestas cívicas en el Táchira.*

Fue un término que quizás pasó desapercibido en la rueda de prensa del Gobernador del Táchira Vielma Mora el pasado 26 de febrero. Aseguraba la identificación plena de quienes abastecían las protestas en la ciudad capital, San Cristóbal y sus barricadas, coloquialmente llamadas "guarimbas".

Agradeció el apoyo efectivo de la llamada "inteligencia social", lo que le habría permitido elaborar una lista negra, una identificación de aquellos "que no quieren la paz", alentando a los Consejos Comunales del Táchira a mantener activa esta "inteligencia".

Vielma aseguró que sabían de los más de 200 vehículos que habían llevado provisiones a los estudiantes en el campamento instalado en el entrecruce de la avenidas Carabobo y Ferrero Tamayo, los nombres de los empresarios y empresas que habían aportado, primero a la campaña del actual Alcalde opositor de la ciudad, Daniel Ceballos, quienes, según el Gobernador del Táchira, son los mismos que financian "la guarimba", afirmando ante periodistas, medios y los propios empresarios llamados, en principio, a una reunión para hablar de paz que luego se transformó en una rueda de prensa regaño.

La noche anterior a este evento, grupos de motorizados autodenominados "defensores de la revolución" recorrieron la ciudad provocando, entre otros desmanes, el incendio de dos discotecas en el sector Barrio Obrero. Los dos locales y sus propietarios, estaban en la lista.

**Todos contra el "enemigo"**

El actual Ministro del Poder Popular para el Transporte Terrestre Haiman El Trouddi, en un documento público denominado "Inteligencia Social y Sala Situacional", publicado en el 2004, vincula la primera a la llamada inteligencia institucional, es decir la de los servicios de inteligencia del Gobierno, como un híbrido de apoyo para lo policial y enfrentar las crisis.

Por este mecanismo se busca que la información suministrada desde la calle, pueda ser utilizada para garantizar la seguridad del Estado y sus componentes mediante acciones de la prevención, la represión, contrainteligencia, vigilancia y seguridad. Además, los métodos "y mecanismos preventivos para dar respuestas... a las dinámicas asociadas a la gobernabilidad".

Según este mismo documento la inteligencia social no solo recopila información del "adversario, los contrarios o el enemigo" sino que actúa de forma preventiva, disuasiva, defensiva o reactiva frente a estos.

Estas líneas de acción coinciden con la campaña de amedrentamiento que ejecutan los llamados colectivos que, desde el 26 de febrero, vienen realizando acciones de retoma, rompimiento de barricadas o enfrentamiento en contra de los vecinos. Durante las últimas 48 horas se ha visto un recrudecimiento de estas acciones en las zonas de Las Vegas y carrera 14 de Táriba, casco central de Cordero, Barrio Obrero y Santa Teresa en San Cristóbal, con el mismo modus operandi: colectivos, motorizados, armas y presencia de la Guardia Nacional, uniformados, entremezclados.

Estas acciones han sido negadas por el Gobernador Vielma quien, en rueda de prensa celebrada el martes 04 de marzo, mostraba fotos y videos de un grupo de ciudadanos pacíficos que fueron atacados a piedra por otro vinculados a sectores de oposición. Ratificó, "no soy responsable por ningún hecho violento".

## Infiltrados y delatores

Se multiplican las historias sobre infiltrados y delatores en estas acciones de protesta. Solamente la semana pasada fueron conocidos en las redes sociales los videos sobre un efectivo de la Guardia Nacional que fue localizado en las adyacencias de un grupo de estudiantes en San Cristóbal que se suma a otro capturado en Valencia.

Pero hay historias vecinales también. En el sector de Pirineos I, ciudadanos denunciaron a este cronista la presencia de otros vecinos quienes estarían tomando fotos de manera sospechosa, a quienes estaban armando las barricadas de la zona.

"Nosotros los encaramos y les advertimos sobre las consecuencias de sus acciones". Afirman que no están dispuestos a ser "espiados" por quienes comparten cotidianamente, las calles con ellos.

Otro testimonio es el de A. Pérez. Una jubilada que vive en la avenida Carabobo, a pocos metros del campamento de los estudiantes. "Los propietarios decidimos mantener cerrados los accesos al edificio desde las ocho de la noche. Incluso colocamos candados para evitar que nuestras casas se conviertan en centro de batalla entre estudiantes y las autoridades. La semana pasada notamos como la puerta se abrió a medianoche. Era uno de los vecinos quien abrió la puerta de acceso y permitió a un individuo entrar. Yo le reclamé, hasta que el individuo me mostró el arma que tenía a la cintura y un carnet: era del SEBIN".

Este hombre venía de Pirineos y estaba esperando que lo buscaran porque se le había hecho tarde. Era un infiltrado.

Otra vecina del mismo sector nos comentó que, en una de las arremetidas de la Guardia Nacional, en contra de los estudiantes de la Carabobo, un grupo de cubanos de la Misión deportiva que trabajan en la ciudad, y que vivían alquilados en una casa cercana, salieron a dar su apoyo a la acción militar. Eso bastó para que al día siguiente, tuviesen que abandonar la residencia de manera acelerada pocas horas antes de que una turba destruyera sus accesos y provocara daños en la misma. "Fue la venganza de la gente", afirmó.

### Chivatos y polivatos

En Cuba son llamados "chivatos" los vecinos delatores y "polivatos" los vecinos que, además de delatores, tienen funciones policiales represivas. Forman parte del sistema de control del Gobierno sobre los ciudadanos. Son los que, por estos lares, se denominan "sapos".

Actúan de forma clandestina, secreta y vigilan los pensamientos, opiniones y acciones de sus vecinos. Son temidos y odiados por muchos. Logran infiltrarse y hacer su propia "inteligencia social", operando dentro de los llamados CDR, Comités de Defensa de la Revolución.

El periodista cubano, Juan González señala, "La vocación y la condición de esbirro, está fuertemente vinculada a la condición de chivato. Los chivatos y los esbirros son el par ordenado por excelencia o la célula básica de la opresión. No hay esbirro sin chivato".

El también periodista cubano, Luis Felipe Rojas, describe la operatividad de los "chivatos" en su país. "Sus informaciones van desde qué se vende y quiénes lo hacen en el barrio, con quien se juntan los jóvenes vecinos, qué se habla en la cola del pan, de donde proviene la harina para hacer pizzas clandestinas, qué ciudadanos no viven acorde con lo que devengan por su trabajo, hasta el infinito".

Y estas descripciones se asemejan peligrosamente a lo que se señala en el manual de El Troudi describiendo las funciones de la llamada "la inteligencia social".

Parece que Venezuela se empeña en desarrollar su propia chivatería.

05 de marzo de 2014

*La paz impuesta, a fuerza de represión y control policial.*

# SAN CRISTÓBAL: LA PAZ A TRES TIEMPOS

*Se habló mucho de paz en la capital del Táchira, donde se encuentra ubicado el principal centro de resistencia civil al gobierno de Nicolás Maduro en Venezuela. Pero a la par de la paz, hubo represión y también radicalización de los factores de oposición.*

### Primer tiempo: la paz mediática

De manera apresurada fueron convocados. No se supo del sitio de reunión hasta prácticamente al mediodía a pesar de la cita se estableció para las 4 de la tarde de este jueves 06 de marzo. Así llegaron muchos de los invitados al Centro de Convenciones Sambil San Cristóbal, para iniciar, la Conferencia para la Paz en la capital del Táchira.

Un rápido paneo al amplio salón permitía establecer los actores de esta obra: por un lado, la presencia del Ministro del Interior, Miguel Rodríguez Torres, el Alcalde del Municipio Libertador (Caracas), Jorge Rodríguez, militares de alto rango, el Jefe del Comando Estratégico Operacional de la Fuerza Armada Nacional, General Vladimir Padrino, el Gobernador del Táchira, José Gregorio Vielma Mora y funcionarios de todo rango como representantes del Gobierno nacional, además de dirigentes políticos y vecinales pro oficialistas

Por el otro, líderes de algunos gremios, organizaciones empresariales, medios de comunicación como reflejo de la sociedad civil regional. Y las grandes ausencias: las organizaciones estudiantiles que lideran las protestas en todo el estado, los representantes de los partidos políticos, las cabezas de la Mesa de la Unidad Democrática y otros elementos que han exigido el cese de la represión a ciudadanos por parte de la Guardia Nacional y otros grupos uniformados, la libertad para los presos políticos y estudiantes detenidos, el cierre de los procesos judiciales en contra de varios ciudadanos partícipes en las protestas, el desarme y sometimiento a la justicia de los grupos colectivos armados, la renuncia del Gobernador Vielma Mora, el respeto a la Constitución, la sanción a las empresas y empresarios que esquilmaron 30 mil millones de dólares a través del sistema CADIVI, entre sus principales demandas.

Pero, nada de eso fue mencionado en la televisada cumbre. Los derechos de palabra de los representantes del gobierno, enfocados en hablar de la paz pero sin mencionar propuestas concretas, de las personas que accedieron a los micrófonos allí instalados para narrar anécdotas, defender los intereses económicos de grupos, alabar algún plan de gobierno y hacer un ritornello a veces aburrido, salvo dos intervenciones que trataron de enfocar los puntos: Julieta Cantos y Feijoo Colomine ambos ciudadanos reconocidos en el Táchira.

La paz televisada fue una mezcolanza. Con limitaciones de tiempo impuestas por el Ministro Rodríguez Torres quizás al notar el aburrimiento de muchos de los presentes. Un diálogo sin agenda, sin claridad. Un diálogo que quizás, pueda tomar ruta productiva en las mesas sectoriales que se iniciaban a partir de hoy en el mismo lugar.

### Segundo tiempo: la paz impuesta

Mientras de paz en televisión se hablaba, efectivos de la Guardia Nacional disparaban gases lacrimógenos y perdigones en la ciudad de Táriba, vecina a San Cristóbal, por tercer día consecutivo.

Allí las protestas y bloqueos con barricadas se hicieron más intensos en las últimas horas, especialmente en los sectores populares de El Diamante y la calle 14 que fueron duramente reprimidos.

Se denunció por redes sociales la detención, entre otros, del abogado Luis Francisco Torre, dirigente vecinal de El Diamante. Sus familiares y amigos confirmaron la situación además de indicar que fue golpeado por parte de efectivos militares y la Policía Nacional que se encontraban en la zona.

Este hecho ha hecho enardecer a los vecinos quienes anunciaron para hoy, mayores protestas y bloqueos de las vías aledañas a  su sector. Para Zoraida Moros, amiga del dirigente vecinal, esta detención es injustificada: "ya le tenían preparado un enorme expediente donde lo tildan de paraco (paramilitar colombiano) y quien sabe que otras infamias…"

Es la paz impuesta, a fuerza de represión y control policial.


**Tercer tiempo: la paz vecinal**

Simultáneamente a la paz mediática y la impuesta por la fuerza en Táriba, vecinos de sectores de clase popular y media de los Barrios Libertador, Sinaral y Pirineos I se reunían para discutir, fundamentalmente sobre el destino de las barricadas ubicadas en la zona.

De la ciudad capital del Táchira, estas comunidades, pertenecientes a la parroquia Pedro María Morantes, son verdaderos bastiones de la oposición política en el país. En los últimos procesos electorales han concentrado diferencias promedio a favor de los candidatos de oposición de 35 a 40% de votos frente a los aliados del oficialismo nacional.

Unas trescientas personas, conversaron durante casi dos horas, intercambiando opinión sobre las barricadas y otros obstáculos en las vías, sobre su organización, acerca de mecanismos para enfrentar la violencia de los colectivos armados, sobre la participación ciudadana, la seguridad de todos y la responsabilidad del Gobierno nacional en la crisis que se está viviendo actualmente en el Táchira.

En el debate Jesús Alviarez, estudiante de la Universidad del Táchira, vecino del Barrio Libertador, manifestó su total apoyo a las barricadas y el agradecimiento al apoyo recibido por parte de la comunidad. "Aquí se nos vino hablar de paz mientras nos reprimen. Aquí no debe haber levantamiento de barricadas hasta que no se cumplan las exigencias del Táchira, especialmente aquellas que piden la liberación de los presos políticos y nuestros compañeros detenidos o juzgados en tribunales".

Y a pesar de las declaraciones y alertas del Ministro Rodríguez Torres sobre la presencia de delincuentes y hampa común en las barricadas, la asamblea ciudadana decidió mantenerse en protesta con las barricadas y dando solución a problemas como la acumulación de basura y el libre tránsito en horarios para todos los habitantes de los sectores involucrados.

Bien lo dijo la periodista Ivanna Molina, como habitante de la comunidad: "aquí los únicos malandros, los únicos delincuentes son los colectivos armados por el Gobierno que, sin las barricadas, nos tuvieran aterrorizados".

Así las cosas en el primer día del diálogo de paz en el Táchira.

07 de marzo de 2014

*Aquellas calles que lucían vacías, ahora se encuentran plena de vida, de solidaridad, de diálogo, de reconocimiento.*

# NI PARACOS, NI DELINCUENTES: SON VECINOS

*Nada que ver con la descripción de guarimberos, agentes del imperio, o apátridas. La vida ha cambiado en la capital del Táchira e irrumpe una nueva cotidianidad que no comprenden los que hablan de paz desde el poder.*

Mediodía del sábado y las calles de Barrio Obrero, por excelencia, zona comercial y vitrina de la ciudad de San Cristóbal, estado Táchira, lucen vacías. Muy escasos transeúntes, menos vehículos, varios vigilantes privados rondando en los centros comerciales.

Pareciera uno de los tantos días festivos que hay en el país. Pero al contrario de la festividad, es la soledad impuesta por el nuevo ritmo de vida que se mantiene en la ciudad desde que se inició la rebeldía civil desde hace más de un mes.

Este ambiente es el más claro desmentido a la normalidad invocada por los gobiernos regional y nacional. Los pocos comercios abiertos, mayoritariamente ventas de comida rápida, polleras y uno que otro pequeño abasto, se apresuran a cerrar.

La dinámica impuesta al comercio, empresas, oficinas públicas y negocios en general es abrir a las 7 de la mañana y cerrar, a más tardar, las dos de la tarde. La mayoría de los locales se apresuran a despachar a sus clientes por dos razones de peso: no hay transporte público luego de un mes y los coordinadores de las barricadas empiezan a cerrarlas a las dos y, los más rezagados, a las cuatro.

"Más allá de eso no podemos esperar, porque si dejamos un flanco abierto se nos meten los colectivos o la Guardia con violencia", nos confirma "Pedro", uno de los coordinadores de la barricada ubicada en la avenida principal de Pirineos, un sector clase media de la capital del Táchira.


### Extraña visión

La que ofrece esta zona comercial de San Cristóbal. La mayoría de los comercios cerrados, las vitrinas y los mostradores vacios. Cientos de maniquíes desnudos dan la bienvenida, en locales que eran de alto tráfico en la zona. Reflexiono sobre esta desnudez inanimada y la pobreza de esos bustos, pectorales y brazos grandes o las estilizadas largas piernas, de peinados y rostros decorados en fibra de vidrio, que reflejan el ideal de belleza imperante, pero que hoy, sin sus marcas Adidas, sus lentes Okley, sus Levy's y otras reconocidas, son también castigados por las penurias de sus clientes.

Al vernos tomar fotos, los vigilantes presurosos se acercan para solicitarnos que no lo hagamos. Los saqueos en algunos locales comerciales de esta zona, los tienen aprehensivos frente a cualquiera que se acerque a las fachadas vacías.

Parece el extraño escenario de ésas películas en donde la humanidad va desapareciendo progresivamente por algún tipo de catástrofe desconocida y que pone, al observador desprevenido, a buscar información entre "los sobrevivientes" sobre las causas de este panorama poco común.

En el Centro comercial Plaza San Cristóbal apenas unas peluquerías abiertas culminando la jornada con sus clientas: mechitas, cortes, uñas y píes, como nos dicen los apresurados peluqueros. Ineludiblemente la pregunta que el caminante hace: ¿por qué la vanidad si no hay como exhibirla? Pero uno es hombre y quizás no comprenda que estas cosas de mujeres son fundamentales, incluso, para su equilibrio emocional en momentos de crisis.

A nosotros ya se nos está haciendo tarde. Los estudiantes tomaron la redoma del Obelisco, sitio emblemático de la ciudad. Lo mantienen parcialmente cerrado, pero casi a las dos de la tarde se empiezan a mover los obstáculos para el bloqueo total. El sitio lo atravesamos a tiempo. Vamos rumbo a Pirineos I.

En algunos sitios la basura se extiende por la calle. Nos acercamos a una segunda barricada y también, a tiempo la superamos. Las calles lucen desoladas, pero más tarde, la cosa cambia.

No lo había visto por aquí

Son profundos los cambios en la dinámica social barricada adentro. La situación en los sectores que se aíslan en protesta, se ha transformado radicalmente.

Aquellas calles que lucían vacías, ahora se encuentran plena de vida, de solidaridad, de diálogo, de reconocimiento. Unidos por una causa, los vecinos se reconocen. Abundan las frases "yo no lo había visto por aquí…" "ahhh y usted es el hijo de la señora tal…", "pero estos eran unos niños y ahora son unos chamos grandes…"

Los jóvenes y los no tanto se reúnen en las calles para jugar deportes de equipo: el futbolito, el voleyball. Otros juegan dominó o las cartas. Al no haber tránsito vehicular las bicicletas andan a placer. Los niños en sus carritos juegan mientras los padres se sientan en las aceras a tomar café o conversar sobre los últimos acontecimientos.

Los negocios de oportunidad florecen. Los emprendedores encuentran mercado: vendiendo pasteles, masato (bebida típica en Los Andes), agua de panela o papelón (bebida fría dulce a partir de la panela de caña).

Se fortalecen las relaciones. La charla recobra su fuerza y vence el aislamiento de la televisión. Algunos en su casa ponen música. Es la ciudad en la calle, el ciudadano en sociedad, en tranquilidad y libertad.

Los vecinos se convocan, se intercambian números y forman grupos para mantenerse al tanto. Defenderse de los potenciales ataques de los colectivos y la guardia, de los ladrones que buscan la oportunidad, de mejorar toda la seguridad, de solucionar los problemas de suministro de gas, de recolección de basura, incluso, de procesos futuros de mejora del sector "una vez que recuperemos la democracia".

Es un paisaje muy distinto a los oprobiosos guarimberos, paramilitares, hijos de Uribe, delincuentes que las autoridades nacionales y regionales han pretendido mostrar a los medios vinculados a las barricadas. Es gente común y corriente, que se sienten parte de la historia menuda de este país.

En medio de la crisis, sinceramente, estas tardes se parecen a la Venezuela que perdimos.

09 de marzo de 2014

53

*Hay adrenalina en la masa, hay rabia.*

# PAZ DE DÍA, GUERRA EN LA NOCHE

*La medianoche entre domingo y lunes trajo consigo ataques simultáneos de la fuerza pública en distintos puntos de la ciudad capital del Táchira y la respuesta de la sociedad civil. En la barricada adrenalina, tensión y rabia. Los daños a la propiedad pública y privada siguen sumando.*

"¡Esos hijue…tas!... hablan de paz en el día y en la noche vienen a caernos a palo". Grita con rabia un muchacho encapuchado mientras, con piedras en las manos, se acerca a la barricada para atrincherarse con otros más que se mueven frenéticamente, de lado a lado.

Al fondo se escucha una seguidilla de detonaciones y un fragor en el ambiente. Es casi medianoche del domingo 09 de marzo en San Cristóbal y cientos de personas se agolpan a lo largo de la avenida principal de Pirineos I y Quinimarí, dos sectores clase media de la rebelde ciudad capital del Táchira.

Todos despertaron casi al unísono. Alertados por las explosiones, los pitos y las cacerolas empezaron a sonar incesantemente y, desde ése momento, hombres y mujeres, jóvenes, adultos y viejos, empezaron una carrera para llegar hasta la barricada que une a ambos sectores, ante la inminente llegada de los uniformados.

Estos eran los primeros minutos del día de la normalización del Táchira decretada por Vielma Mora y la Conferencia para la Paz, que horas antes había mantenido reunión en las instalaciones del Centro Comercial Sambil de esta ciudad.

Pero la realidad fue más terca que la declaración de principios del Gobernador del Táchira.

### Adrenalina, tensión y rabia

Doce y cuarto de la madrugada. "Vienen a desmontar la barricada y no se lo vamos a permitir". Un hombre de mediana edad, sorprendentemente sin camisa a pesar del frio y la situación, solo con un mono oscuro, se acerca al grupo y nos los dice como una declaración de principios.

Llega más gente, hay adrenalina en la masa, hay rabia. Quiero tomar una foto del momento y mi amigo me recomienda que lo haga con discreción: "la gente anda arrecha y te pueden joder porque dirán que eres uno de los tantos sapos (delatores) que rondan por aquí…".

Las explosiones se intensifican: suenan muy cerca. Parece que avanzan. Aumenta la tensión con los minutos "parece que el peo es en Las Pilas", "vienen subiendo por Barrio Sucre", "¿qué pasó con los chamos en El Obelisco?". Hay respuestas confusas.

Suenan los teléfonos, mientras que, desde otros escriben mensajes requiriendo detalles: ¿dónde?, ¿quiénes?, ¿colectivos o Guardias?, ¿hay heridos?, ¿cuántos? Poco a poco las respuestas van llegando por las redes: reprimen duramente en Las Pilas, en la Gran Avenida (conocida panadería de la ciudad).

Las noticias vienen: detuvieron a dos muchachos, le están dando con todo a la gente de los edificios. Ellos están resistiendo… Y la rabia de algunos por no estar allí, por no estar al lado del "compañero", del desconocido del cual todos dependen: "…si pasan ésa barricada vienen para acá…" dice una de las mujeres.

Aumentan los gritos en barricadas cercanas y no se sabe porqué.

"¡Allí vienen…!" algunos buscan guarecerse de lo que va a suceder. Otros, los más valientes, se aprestan a la batalla. Todos se organizan. Y los pensamientos que te fluyen: "… ¿y si disparan?..."

Doce y media de la madrugada.

La calma

Era una falsa alarma. Los más avezados ordenan callar y por minutos hay un silencio en la barricada. La noche se llena de un vacio. Ya no se escucha el estruendo lejano y se confirma la noticia: en Las Pilas repelieron el ataque. Una tanqueta dañada, se va la Guardia.

Un cuarto para la una. La tensión retorna cuando unos 80 motorizados del Grupo Policial Rayo pretenden superar las barreras. Han recibido la orden de apoyar las acciones de la Guardia Nacional en Barrio Obrero. Este grupo tiene su cuartel general en los altos de Pirineos II y, para poder salir, deben atravesar el nodo de barricadas que se encuentran en la zona.

Los presentes forman una barrera humana adicional a la física. Como escudos humanos le bloquean el paso a los policías quienes tienen armas para enfrentar delincuentes pero no para contener la manifestación pública. En dos momentos pretenden superar la barrera y en dos oportunidades son repelidos por los ciudadanos quienes se niegan a dejarlos pasar a pesar del rugir de las motos.

Los policías se devuelven. Reciben la instrucción de no enfrentar a una población que los supera enormemente. Esporádicamente se escuchan morteros (cohetones) pero cada vez más espaciados en el tiempo.

Ya es la una de la madrugada. "Estos carajos no van a venir". Algunos vuelven a sus casas mientras que otros se quedan vigilando durante el resto de la madrugada.

A la mañana del lunes, llega el reporte: destrozada la Inspectoria del Trabajo, destruidos cajeros automáticos del Banco Bicentenario en Barrio Obrero, quemada parcialmente la casa del Psuv también ubicada allí, barricadas reforzadas por varios rincones de la ciudad, ataque masivo de la Guardia a barrios aledaños a la Avenida Rotaria, quema del punto de vigilia estudiantil en El Obelisco, inhabilitación de una tanqueta blindada.

Dos ciudades: en zonas residenciales la protesta, en la zona comercial, operaciones con aparente normalidad y calma. Incluso algunas líneas de transporte público operando. Muchos caminan para cumplir especialmente aquellos funcionarios públicos regionales quienes fueron amenazados con descontarle el día si no estaban en sus puestos de trabajo el lunes temprano.

El resto del día transcurre con escaramuzas en algunas zonas. Aumentan los rumores, todos esperando nuevamente la noche.


10 de marzo de 2014

59

*Los vecinos denunciaron la actuación de efectivos de la Policía y Guardia Nacional*

# EN SAN CRISTÓBAL SE MULTIPLICAN LAS "CANDELITAS"

*Nuevamente otra jornada violenta en la capital del Táchira. Luego de una masiva marcha ciudadana que exigió la renuncia de la Fiscal General de la República, del anuncio de la liberación, con condiciones, del estudiante Jesús Gómez, la protesta arreció en diversos puntos de la ciudad.*

La violencia empezó hoy temprano en San Cristóbal. Y esto a pesar de algunas noticias positivas que parecían darle un matiz diferente a la rutina de enfrentamientos, conflictos y cruces emocionales que presenta la capital del Táchira desde hace ya más de un mes.

La marcha de los estudiantes, en diversas ciudades del país, era el eje de atención de los medios nacionales e internacionales que esperaban la reacción del Gobierno y los sectores en protesta civil.

En esta ciudad la muerte del estudiante Daniel Tinoco, en la Avenida Carabobo, impactó a la ciudad y se esperaba una reacción violenta durante el martes. Las principales manifestaciones se concentraron en los barrios aledaños a la avenida Rotaria, sector popular de la ciudad, y en Pueblo Nuevo, sector Las Pilas, en donde se ha edificado uno de los núcleos más duros de la protesta en esta ciudad, desde hace dos semanas.

Hay que recordar que en esta zona ocurrió la muerte de Jimmy Vargas, la primera vinculada a los hechos violentos vividos en el Táchira. En la noche hubo una relativa calma, a pesar de conocerse de la quema de dos vehículos de transporte público en la carretera de los Llanos, en el Municipio Torbes, al sur de la ciudad en hechos aparentemente vinculados a la protesta.

Marcha y liberación

Los grupos universitarios habían convocado para este miércoles a una concentración en el emblemático sector El Obelisco, y cerca del mediodía cientos de personas pertenecientes a distintos sectores de la sociedad regional marcharon hacia la avenida Carabobo para rendir homenaje a Tinoco.

Allí se unieron otros grupos de manifestantes quienes transformaron la actividad en multitudinaria tomando rumbo hasta la sede regional del Ministerio Público para exigir la liberación de los presos políticos, de estudiantes y la renuncia de la Fiscal General de la República.

Luego de las intervenciones vino el sorpresivo anuncio por parte del Fiscal Superior del Táchira, Yannis Domínguez: la solicitud de este despacho y la aprobación del Juez, de medida cautelar sustitutiva que libera al estudiante tachirense Jesús Gómez, uno de los primeros detenidos hace un mes y que se encontraba en la Cárcel de Coro.

Gómez arribará al Táchira este jueves 13 pero continuará el proceso en su contra ante el tribunal. La diferencia es que lo hará en libertad.


**Pocas razones para alegrarse**

A pesar de las buenas noticias y el éxito de la jornada, pocos minutos duró la alegría. Se empezaron a conocer los hechos sangrientos ocurridos en la ciudad de Valencia en donde la misma marcha estudiantil fue duramente reprimida con el resultado, hasta los momentos, de dos estudiantes, un capitán de la Guardia Nacional y una niña fallecidos. Además de doce heridos, algunos de consideración.

También de la violencia contra estudiantes de la Universidad Central de Venezuela que marchaban hacia la Defensoría del Pueblo, violencia en Cumaná, en Barquisimeto, en Maracaibo. La carga fue especialmente dura.

Durante la tarde de este miércoles 12 fue notorio el incremento de las barricadas en diversos puntos de la ciudad. Nuevamente se presentaron duros enfrentamientos en la calle 14 de Táriba en donde la Guardia Nacional reprimió duramente a los manifestantes.

Esta zona se ha transformado en otro de los focos críticos de la protesta. Pero en Táriba este día ocurrió una situación llamativa: en sus calles, cumpliendo labores de vigilancia, se observaron efectivos del Ejército Bolivariano por primera vez.

Se habían visto Policías Militares en San Cristóbal en labores de recolección de escombros y basuras en las vías, pero ahora se empieza a notar, con mayor intensidad, la presencia del Ejército.

**Otros sectores**

Barrio El Carmen, un sector popular de la ciudad capital del Táchira, hasta ahora alejado de las protestas, vivió una difícil jornada en la tarde. En redes sociales se multiplicaron los llamados de auxilio de ciudadanos habitantes de las cercanías de la Iglesia del sector, quienes denunciaron la actuación de efectivos de la Policía y Guardia Nacional quienes utilizaron gases lacrimógenos y perdigones para enfrentar a civiles protestantes.

Aquí también hubo graves denuncias sobre excesos de la autoridad: "Detuvieron a un joven dentro de una casa. Tumbaron la puerta y se metieron", afirmó Jessica Uquillas habitante del barrio.

Ratificó que el detenido ni siquiera estaba participando de la protesta en la calle.

Los enfrentamientos se mantuvieron hasta tarde.

En diversos puntos de la ciudad, los ciudadanos se organizan. De una manera veloz fluye la información por redes sociales sobre la actuación de los uniformados. Sus movimientos, la salida o llegada de unidades, la operación de las tanquetas frente a las barricadas.

Sin duda, por lo menos aquí, hay un mayoritario apoyo ciudadano a la protesta. Quienes venían a garantizar la paz en el Táchira respiran aires de hostilidad.

13 de marzo de 2014

*La bala de la intolerancia.*

# EL ABSURDO VIVE EN EL TÁCHIRA

*En medio del agotamiento natural por más de un mes de protestas cívicas, algunas historias cotidianas nos acercan más a lo irreal, a lo inentendible, a descubrir, con tristeza, como las ideologías son más fuertes que la vida.*

Apenas "Jenny" se percató de lo cerca que estuvieron de la muerte ella y su hijo, le empezaron a temblar las piernas. "Traté de mantener la calma para que no se asustara mi chamo pero me inundó una sensación de miedo hasta el punto de no poder dormir ésa noche".

Lo que le causó esta sensación fue, en primer lugar, un ruido seco que atravesó la sala de su casa y luego la constatación física de lo ocurrido: un perfecto orificio en el vidrio de la ventana. Y la verdad se le hizo evidente para esta abogado.

Le habían disparado a ella y a su hijo. La bala atravesó la distancia penetrando con fuerza el vidrio y alojándose en un rincón de su hogar.

Ella vive en un sector aledaño a la avenida Carabobo de San Cristóbal. El pasado martes en la noche se había unido a un grupo de ciudadanos del sector para protestar por la muerte del estudiante Daniel Tinoco, ocurrida la noche anterior, con la única herramienta que tenían a mano: una olla.

Formaron un ruidoso cacerolazo que se mantuvo varios minutos. Madre e hijo caceroleaban como lo habían hecho en otras oportunidades hasta que sintió el extraño sonido y constató lo ocurrido. A "Jenny" y a su hijo casi la mata la bala de un intolerante solamente por protestar, solamente por ejercer su derecho a la disidencia.

Hasta ése instante la muerte era un compromiso, ineludible, pero lejano. Ahora se le materializaba y ella se imaginaba envuelta en el dolor que significaría cualquier cosa que le pudiera pasar a su hijo. Ése mismo martes había sentido de cerca la tristeza de la familia Tinoco.

No puede entender cómo alguien puede acabar con la vida de otro solamente por pensar diferente. Tiene sospechas sobre el origen del disparo pero aún no reúne la valentía para encarar esto por la vía policial. Tristemente repite: "se me acabó la tranquilidad…"


**Cinco horas de cola**

Para llegar al supermercado hay que atravesar las barricadas de madrugada. Primero la incertidumbre sobre el cómo estará la cosa, si habrán colectivos o uniformados, enfrentamientos. En segundo lugar si se había amanecido lo suficientemente temprano para conseguir lo que se buscaba: leche, harina, aceite, arroz, mayonesa, mantequilla, papel, jabón en polvo.

Estos productos son las estrellas de la escasez en el Táchira. En ellos se materializan los índices sobre los cuales los teóricos de la economía hablan mucho y que expresan los anaqueles vacios: el desabastecimiento.

Cuando llegamos al sitio, a las 5:45 de la mañana, ya había más de 600 personas en la cola. Al preguntar nos dicen que algunos estaban haciendo cola desde antes de las cuatro. Un español con 50 años en nuestra tierra, Hipólito García, comentaba con tristeza, "nunca antes había visto esto en Venezuela. Nunca me imaginé un país tan rico así".

Tampoco nosotros.

A los pocos minutos ya los brazos se marcaban para indicar el orden de llegada: 661, 662, 663, 664… Mentalmente pedí no ser marcado con el 666, el número de la bestia. No sé porqué me acordé de esta enseñanza contenida en el libro del Apocalipsis de la Biblia sobre los últimos tiempos.

La muchacha que nos marcaba nos dijo que se iban a atender 850 personas. Nos dijo también que lo que había se limitaba un paquete de un kilo de leche en polvo, casi tres meses desaparecida de mi casa, cuatro paquetes de harina precocida, dos de arroz y un envase de mayonesa de medio kilo. De los otros productos escasos nada.

"Solamente por eso vale la pena la colita…" dijo una señora más adelante. Sentí, con tristeza a lo que nos hemos reducido en este país: a lo básico, a lo que haya, a lo simple.

Unos policías nacionales atravesaron la cola con sus motos, uniformes, cascos y lentes oscuros. Como si la cola fuera parte natural del paisaje se acercaron a la entrada del supermercado exigiendo pasar a comprar porque "estamos trabajando y no podemos hacer cola". La reacción de la gente fue inmediata: pronto un grupo de aglomeró y les impidió pasar.

Molestos le espetaban: "¿y por qué no madrugaron como nosotros?" acompañados por el coro "Fuera, fuera…". Con rabia y gestos obscenos se marcharon. Una provocación innecesaria.

Pasaron las horas en la cola. Casi a las once de la mañana pudimos ingresar. Recogimos lo que ofrecían y adquirimos otros productos para completar la despensa. Después de cinco horas salíamos del supermercado, con rumbo a la casa, sacando las cuentas de cuánto tiempo nos duraría este botín.

¡Cuánta razón la de Hipólito!

## Las redes llenas de alertas

Las palabras del Presidente Maduro se sintieron como una amenaza directa. La noche del miércoles había dicho que su orden era clara a los uniformados: sofocar todos los frentes de protesta en el país de manera contundente. "Acabar con la guarimba".

Hoy Pirineos, Barrio Sucre, Las Pilas, Las Acacias, Barrio Guzmán, El Carmen entre otros de San Cristóbal, la calle 14 y Las Margaritas en Táriba, esperaban el ataque final. "Quieren acabar con esto muchachos, van con todo", "Vimos unos 200 Guardias y siete tanquetas en la avenida 19…mosca".

Los mensajes de alerta y prevención se multiplicaron en las redes. El twitter caliente con trinos de información y desinformación, por que no.

Al mediodía el Gobernador Vielma afirmaba a los medios que el estado Táchira y la ciudad de San Cristóbal se encontraba abastecido de alimentos, que se habían logrado importantes resultados en los diálogos de paz, que se estaban recogiendo los escombros y pronto todo retornaba a la tranquilidad. Pidió a los ciudadanos eliminar las barricadas, deponer sus acciones de violencia.

¡Pax romana! Diría mi profesor de derecho romano en la ULA. Mientras, en las barricadas todos se preparan.


13 de marzo de 2014

71

*Ataques y destrucción de la propiedad pública y privada*

# UN CAMBIO DE ESTRATEGIA PARA REDUCIR AL TÁCHIRA REBELDE

*Para voceros del movimiento de protesta cívica, el gobierno se juega la carta de la división. El objetivo sería minimizar el incuestionable apoyo popular con el que cuentan las barricadas mediante la destrucción de instalaciones públicas y ataques a ciudadanos y sus propiedades para responsabilizar luego a los "fascistas de derecha".*

"Divide et impera". Frase que es atribuida al emperador Julio César y que al español actual traduciría, "divide y reina". En los ambientes militares es conocida como una estrategia para procurar reducir las fuerzas "del enemigo" mediante su dispersión quebrando así su apoyo logístico, su apoyo moral o, incluso, su apoyo social, originando en la fuerza adversaria la confusión y el caos.

Muchos viejos y nuevos políticos han entendido y practicado con mucha sofisticación el principio "divide et impera". Aquí se estimula la división entre los líderes adversarios para evitar acuerdos, generar conflictos y debilitar a la "otra opción".

Pero tantos políticos como militares transforman este movimiento de estrategia, en una punta de lanza para fulminar al adversario.

Pues bien, luego de una cadena de acciones violentas en contra de instalaciones públicas y humildes ciudadanos, en San Cristóbal, la estrategia del Gobierno para quebrar al movimiento de rebeldía cívica, parece orientarse al "divide et impera".

## Un modus que se repite

Durante este martes 18 fue atacada la sede de la Universidad Nacional Experimental de las Fuerzas Armadas, UNEFA. Es una instalación civil vinculada a la Fuerza Armada Nacional. Por lo tanto es permanente la presencia de efectivos castrenses en el cuidado de sus instalaciones.

Un autobús, que se encontraba en el estacionamiento interno de la institución fue quemado presuntamente por manifestantes encapuchados vinculados a la protesta, según las primeras versiones oficiales.

En ninguna de las manifestaciones anteriores o recientes, la UNEFA ha sido blanco de ataques o destrozos a pesar de encontrarse cerca de una de las barricadas más consolidadas y que más ataques ha resistido por parte de efectivos militares de la GN y colectivos armados que se identifican como oficialistas. Esta es la barricada del sector Las Pilas.

Es más, muchos estudiantes de la UNEFA han sido vistos, con uniforme y todo, participando activamente en las marchas y actividades organizadas por los grupos estudiantiles. Y es lógico si se entiende que sus familiares directos son también afectados por la crisis que se vive en el país. Ellos no están alejados de esto.

Un vecino a las instalaciones de esta universidad da su versión de los hechos: "…la guardia pasó con máquinas y mucha violencia… se llevaron las barricadas allí colocadas. Más atrás llegó un grupo grande de encapuchados, personas que no son del sector y tumbaron el portón (las rejas) de la UNEFA, quemando un bus, rompieron ventanas y puertas y saquearon unas oficinas. Luego se fueron. Mientras esto ocurría, la Guardia Nacional estaba en residencias Girasol (un conjunto residencial a 300 metros del sitio) esperando. Cuando los malandros (los encapuchados) se fueron, la Guardia Nacional llegó a la UNEFA y atacaron con gases y perdigones los Edificios de las Residencias San Cristóbal. Para mí ese fue un guión…"

## Otros ataques

Horas antes, un grupo de personas encapuchadas y con armas, detuvieron a un taxi e hicieron que su conductor y pasajera, bajaran de la unidad, amenazándolos violentamente. Una vez se bajaron procedieron a incendiar el vehículo.

Estos hechos ocurrieron en la calle 16 con carrera 14, en el sector de La Romera, un punto cercano a otra de los puntos de protesta emblemáticos: la intersección de la avenida Carabobo y Ferrero Tamayo.

El pasado jueves 13 a medianoche, se produjo la destrucción de la Notaria Quinta de la ciudad de San Cristóbal, sector Barrio Obrero, el incendio de un Kiosko dentro de las instalaciones del servicio de identificación Saime, en el sector La Castra y la garita de vigilancia del Hospital del Seguro Social, en el sector de Santa Teresa.

El factor común de estas acciones: la presencia de motorizados armados quienes lanzan bombas molotov contra las instalaciones públicas. Otro factor: cercana a la sede de la Notaría Quinta se encuentra una barricada de vecinos, la del Saime, en la urbanización Villa San Cristóbal, otro centro de protesta y el Hospital del Seguro Social, aledaña a diversas barricadas ubicadas en la Santa Teresa. ¿Coincidencia?

Estos ataques y destrucción de la propiedad pública y privada ocurren cuando la ciudad se encuentra altamente militarizada, con presencia de unidades tanqueta en varios puntos de la ciudad. En alerta máxima los cuerpos de policía estadal y nacional, Ejército, Guardia Nacional, inteligencia.

Con una prohibición expresa de porte de armas y de transito en motos en horas de la noche, estos grupos actúan impunemente bajo el amparo de la misma sin que el ciudadano vea alguna reacción por parte de todos estos cuerpos de seguridad pública.

La actuación de los vándalos es más libre ya que fueron retiradas, de diversos puntos de la ciudad, las cámaras del sistema de seguridad de la policía del estado Táchira. Un sistema que podría haberlos identificado rápida y eficazmente.

## La trampa para los alcaldes

Uno de los líderes de este movimiento de protestas, al ser consultado sobre estos hechos, expresó su opinión: "es claro que el gobierno propicia la actuación de estos delincuentes. Ellos quieren que el ciudadano común se sienta aterrorizado, que nos vean a nosotros como delincuentes y nos retiren el total apoyo que hemos recibido hasta ahora".

Pero aportó otro elemento: "no es casual que el recrudecimiento de la violencia en contra de las instituciones coincida con la decisión del TSJ, anoche, ampliando al alcalde de San Cristóbal el amparo cautelar que busca obligarlo a enfrentar la protesta".

Este amparo, solicitado al máximo tribunal del país por abogados y factores vinculados al gobierno de Maduro, obliga a los alcaldes a desmantelar las barricadas y poner a las policías administrativas y de tránsito bajo su jurisdicción, en operaciones de control del orden público.

"Es evidente que se quiere iniciar causas penales en contra de los alcaldes ya que, si el Gobierno Nacional con todo su aparataje ha podido controlar las manifestaciones, mucho menos los alcaldes".

Considera que les aplicaran desacato a los alcaldes, entre ellos a Daniel Ceballos en San Cristóbal, "ya que esto no va a parar".

18 de marzo de 2014

*Los ciudadanos manifestaron en la calle su protesta frente al gobierno regional y nacional.*

# LA CALLE CLAMÓ POR LA LIBERTAD DE CEBALLOS

*Miles de sancristobalenses marcharon hoy para exigir la libertad de su alcalde y la renuncia del gobernador del Táchira Vielma Mora. La jornada estuvo precedida por la muerte de Wilfredo Rey, asesinado de un disparo en la cabeza.*

Nunca supe su nombre. Por ráfagas me llegan los recuerdos de aquel chofer (conductor) de la ruta Barrio Sucre-Libertador que, desde hace años, ha sido mi traslado habitual de San Cristóbal. Lo veo como un gordo mamador de gallo (bromista), con su camisa azul, siempre pendiente de mover los carros de los compañeros en la parada o hacerles burlas para llamarles la atención. Invariablemente me daba la impresión de que el resto de ellos lo apreciaban mucho.

Hoy, al fin, conocí su nombre: Wilfredo Rey. De un disparo en la cabeza, la noche del viernes, lo habían asesinado colectivos armados quienes atacaron un grupo de viviendas ubicadas en el sector Barrio Sucre de la capital del Táchira dejando, además, a otro ciudadano gravemente herido.

Wilfredo tenía 32 años y es el cuarto venezolano que muere dentro de la violencia irracional desatada entre el día viernes y sábado en Venezuela.

La noche del viernes trajo una violenta acción de represión por parte de uniformados en diversos puntos de la ciudad de San Cristóbal. Gases lacrimógenos a montón y disparos de perdigones fueron parte del escenario nocturno en sectores aledaños a la avenida Rotaria, Las Acacias, Barrio Sucre, la aledaña ciudad de Táriba en un intento de la autoridad de levantar las barricadas instaladas allí por los ciudadanos que se han declarado en rebeldía civil pacífica desde el pasado 4 de febrero en el estado Táchira.

Los vecinos del barrio "Rómulo Colmenares" cercano a la Rotaria, se organizaron para recolectar las pruebas de lo que ellos denominan "la brutalidad absoluta de la represión". Recogieron los cartuchos y bombas lacrimógenas utilizadas y la mostraron a quien quería verlas. Cientos de elementos, ahora basura, que no les permitió conciliar el sueño en el sector.

Todavía a las tres y media de la madrugada del sábado 22, el silencio nocturno era interrumpido por explosiones, ráfagas y gritos que nos recordaban que la ciudad se mantiene indómita a pesar de los llamados y las amenazas de los funcionarios del alto gobierno regional y nacional.

La violencia de la noche del viernes y madrugada del sábado, dejó el rastro de un muerto, varios heridos y 50 detenidos que se intentaba presentar hoy ante los tribunales. En el Edificio Nacional, sede de los tribunales penales de San Cristóbal, un abogado comentaba: "no sé si puedan presentarlos hoy, porque hasta esta mañana presentaron los del jueves...".

En las afueras de los tribunales rostros de personas comunes y corrientes esperando por noticias de sus hijos y familiares: "¿ya los trasladaron?, ¿qué tribunal los tiene?". Decenas de militares, Ejército, Guardias, abogados, alguaciles.

La Fiscalía y los tribunales de control, lucen ya abrumados por la cantidad de procesos que llevan adelante. La cuenta se incrementa, día a día, de forma exponencial, en una situación que parece no detenerse. "Vamos a ver a cuántos ponen presos hoy..." dice el abogado contando que un sobrino suyo estaba en el grupo de la noche anterior.

Y todo esto ocurre mientras los colectivos autodenominados revolucionarios, dejan su estela de muerte y sangre de manera impune en las calles del Táchira. Ante ellos ninguna autoridad es capaz.

## Gas y más gas

Nada de lo ocurrido en la noche y madrugada del viernes y sábado pudo apagar las ganas de marchar. Miles de sancristobalenses cumplieron con el llamado nacional hecho y tal y como ocurrió en otras once capitales del país, los ciudadanos manifestaron en la calle su protesta frente al gobierno regional y nacional.

Zaheridos en su orgullo por los violentos ataques ocurridos pocas horas antes, en tres puntos de concentración se reunieron: Obelisco, Avenida Carabobo, La Concordia. A pesar de todas las consignas dichas en el transcurso del evento, tres peticiones se hicieron claras en respuesta del llamado de la Junta Patriótica Estudiantil: la liberación inmediata de Daniel Ceballos, alcalde de la ciudad, la renuncia del Gobernador del Táchira, José Gregorio Vielma y el cese de los ataques de los colectivos armados que han venido creando zozobra en diversos sectores de la ciudad.

La marcha recorrió las principales avenidas de la ciudad pero, por primera vez desde que empezaron las protestas, la masa se enrumbó a la sede del poder Ejecutivo regional: la Gobernación. Allí temprano se había destacado un grupo de funcionarios de la Policía del estado que fue reforzado después por un grueso número de efectivos de la Guardia Nacional, grupo que fue creciendo en la medida en que la marcha se acercaba al edificio.

El objetivo, según los organizadores, era entregar a la primera autoridad regional, un documento con las peticiones antes expuestas. Pero, a pesar de haber llegado al sitio y esperar unos momentos, los manifestantes fueron repelidos con gases lacrimógenos. La marcha fue disuelta de esta forma.

Lo cierto del caso es que cada vez se hace más fuerte en la calle, la exigencia de la renuncia del gobernador Vielma, a quien se le acusa de haber profundizado la crisis y de tener un doble discurso que llama al diálogo y la calma, por un lado, y desconoce el carácter cívico y ciudadano de la protesta por el otro, al seguir insistiendo en la tesis del paramilitarismo como sostén de las barricadas.

**Esperando por Ceballos**

Se esperaba este sábado durante el día, el traslado del alcalde Daniel Ceballos. Había una expectativa general y se temió, por parte de las autoridades, que la marcha desviara su ruta hacia el Edificio Nacional, por lo que fue reforzada su seguridad.

"El alcalde será presentado en la noche, cuando no haya gente por aquí. Sería muy riesgoso realizarlo en el día y se nos complicarían las cosas", afirmó un funcionario de tribunales. Lo cierto del caso es que, sería el Tribunal Tercero de Control del Táchira, el que debería recibir a Ceballos para su audiencia de presentación.

Todo esto sí es cierto, como corrigió el Ministro del Interior Rodríguez Torres, es de allí en donde se emitió su orden de captura.

Paralelamente el propio Presidente Maduro, al referirse en un discurso en la tarde de este sábado 22, sobre el detenido alcalde, ratificó sus denuncias e incluso lo llamó "asesino" responsabilizándolo por las muertes ocurridas en esta ciudad y exigiendo de la autoridad judicial la condena al burgomaestre. Para el abogado y ex Secretario de Gobierno del Táchira, Julio César Hernández, el discurso de Maduro es una "orden" para el poder judicial.

Amnistía Internacional lanzó hoy una "Acción Urgente" a nivel mundial para pedir la liberación del alcalde, mientras su caso y rostro recorre los miles de correos electrónicos y afiliados de este organismo de defensa de derechos humanos en el planeta.

Es la esperanza de que el mundo no se olvide en este momento del segundo alcalde, en términos porcentuales, más votado de toda Venezuela.

23 de marzo 2014

*Al caer las defensas ciudadanas se vino con fuerza un operativo de persecución y control.*

# SAN CRISTÓBAL: CAEN LAS BARRICADAS MÁS NO LA REBELDÍA

*En un operativo conjunto de las fuerzas de orden público, se demolieron las principales barricadas de San Cristóbal, eje de la resistencia cívica al Gobierno nacional. Con bombas lacrimógenas, perdigones, blindados, motos, maquinaria pesada cientos de efectivos uniformados de la Policía y Guardia nacional desplegados desde la madrugada de este viernes 28, enfrentaron a los ciudadanos.*

El ataque fue simultáneo. Barrio Obrero, Barrio Sucre, Libertador, Pirineos, Las Pilas, Avenida España, Camino Real entre otros sectores de San Cristóbal fueron objeto de una acción conjunta desde las 4 de la mañana de este viernes 28 de marzo, por parte de cientos de funcionarios de la Guardia Nacional y Policía Nacional, quienes con tanquetas, gases lacrimógenos, perdigonazos, barredoras mecánicas, equipo pesado, motocicletas y una desbordada violencia, según los reportes de vecinos afectados, acabaron con las principales barricadas en la ciudad capital del Táchira.

El operativo era esperado, especialmente luego de lo ocurrido en Altamira, Caracas, a principios de semana y en Palaima, Maracaibo, durante el día de ayer en donde se desarrollaron violentos operativos similares a lo que ocurrió este viernes en la ciudad.

Los organizadores de las barricadas habían recibido también la información de un masivo traslado de funcionarios policiales y de la Guardia durante el día de ayer, quienes fueron concentrados en instalaciones deportivas.

Pero a pesar de la logística y preparación desarrollada, los manifestantes fueron superados con creces ante el avasallante poderío de los efectivos uniformados quienes se desplegaron durante horas, agotando los recursos de resistencia de quienes defendían las barricadas.

### ¡Se vinieron!

Al caer las defensas ciudadanas se vino con fuerza un operativo de persecución y control de quienes aún se mantenían en las calles. Esto fue especialmente crítico en los sectores de Barrio Sucre, Camino Real y Las Pilas en donde el bombardeo de gases, perdigones y persecución se mantuvo durante varias horas.

Los ciudadanos enfrentaron a los uniformados con piedras, palos. Esparcieron aceite en las calles para impedir el avance de la fuerza pública. Dispararon morteros, utilizaron lanzaderas e incluso hasta agua caliente, para evitar la toma militar y policial.

Los gritos e insultos se entremezclaron con el fuerte ruido de las motos y vehículos oficiales. Más de un efectivo se vio rodar por la acción del aceite regado en las calles. Nadie puede cuantificar la cantidad de lesionados y detenidos por las escaramuzas.

Los testimonios ciudadanos describen escenas como la detención de una doméstica quien se asomó a observar lo que pasaba en la calle y que fue arrastrada por efectivos militares aún en pijama. Niños y ancianos acorralados en sus casas tratando de superar los efectos de los gases.

Carlos Eduardo, un joven habitante de Barrio Sucre, comentó que al salir a la calle fue golpeado y detenido por efectivos uniformados quienes le dispararon perdigones. "Me montaron en una moto y me trasladaron hasta Camino Real, allí me arrinconaron en un sitio y me trataron como si yo fuera un criminal, mientras me lanzaban gases lacrimógenos".

Lo abandonaron, casi ahogado, con heridas en la espalda y glúteos producto de los perdigones. Además de moretones en el resto del cuerpo.

El diputado regional, Gustavo Delgado, perteneciente a la alternativa democrática, calificó como "inhumano y brutal" el ataque sufrido por la ciudad de San Cristóbal durante este viernes. "Más de 600 efectivos de otros estados llegaron y se integraron a esta acción represiva. No les importó niños, mujeres y ancianos".

Hasta finales de la mañana Delgado reportó, además de los heridos y detenidos durante las acciones, 65 vehículos y 132 casas que fueron afectados por la acción de toma de los sectores. Denunció que, no conforme con la represión, algunos funcionarios que participaron en ella, de forma intencionada, procedieron a dañar vehículos, vidrios y rejas de casas, en su afán de castigar a quienes daban refugio a quienes enfrentaban a los uniformados.

Vecinos de la urbanización Altamira, sector Camino Real, denunciaron el secuestro de tres mujeres y un hombre, quienes fueron sacados a la fuerza de su casa luego de lanzarles lacrimógenas y perdigones al interior de las mismas. "Son amas de casa que se escondieron bajo una camioneta para escapar del ataque. Los efectivos rompieron las puertas y entraron a la casa para arrastrarlos y llevárselos, mientras acabaron los vidrios de dos vehículos que estaban en el estacionamiento".

**Lo que deja la tormenta**

Derribadas las principales barricadas cientos de ciudadanos se mantenían en las calles buscando saber el paradero de sus amigos, familiares o vecinos. Los accesos en donde hasta esta madrugada habían barricadas, lucen ahora despejados.

Los militares encargados de la operación de remoción de escombros se esmeraron por no dejar vestigio alguno de material que permita la reconstrucción de las barricadas en estos puntos de la ciudad.

Algunas de las defensas todavía sobreviven a la espera de la llegada de los uniformados. Se ha recuperado el tránsito por los principales sectores, que se ven recorridos por vecinos que, de forma temerosa, pasan de lado a lado.

"Maikel" lo dice con un dejo de tristeza. "No tenía sentido seguir en las barricadas… eran muchos y ya no teníamos como defender". Quienes le acompañaban, como para darle aliento, le responden: "¡las vamos a volver a levantar!"

28 de marzo de 2014

*La protesta ha evolucionado y se adapta a la presencia militar y policial.*

# EN LA CIUDAD LA NORMALIDAD ES UNA IMPOSICIÓN

*Lo militar pasó a ser rutina en la ciudad: tanquetas, funcionarios permanentemente calzados en sus equipos antimotines ubicados estratégicamente en los espacios cercanos a los antiguos enclaves de las barricadas. Ese es el panorama hoy en San Cristóbal.*

La única barricada nacida de los hechos de violencia que sacudieron a la ciudad capital del Táchira desde el mes de febrero y que aún queda en pié, es la que se encuentra en la calle que delimita la entrada frontal de la Residencia Oficial de Gobernadores, en el sector de Barrio Obrero.

Allí los parapetos con alambre de púa aun limitan el paso vehicular acompañados de dos tanquetas y suficiente personal de tropa como para enfrentar cualquier potencial "asalto" a la sede del Poder Ejecutivo regional. Los Guardias Nacionales, aburridos, escapan del ocio charlando, caminando de un lado al otro mientras portan sus equipos antimotines.

Esperan la batalla que no llega, la amenaza de un fantasma que no se materializa aún pero que se espera en cualquier momento. Esta barricada gubernamental no ha sido denunciada ante ningún tribunal por los abogados bolivarianos, ni han llegado a ella los ingenieros militares y su maquinaria pesada, ni se muestra en las ruedas de prensa.

Son el primer desmentido, para el desprevenido visitante, de que las cosas aún en la ciudad están "normales" como el Gobernador Vielma insiste en afirmar.

Hay sectores en donde el verde olivo, los equipos antimotines, las motocicletas y las blancas tanquetas se mantienen en vigilia permanente. Los uniformados, en jornadas que van desde las ocho de la mañana hasta un poco más allá de la medianoche, se ubican en puntos estratégicos para disuadir cualquier acción de calle no convalidada, para impedir el retorno de las barricadas populares.

No les ha tocado fácil, especialmente en el día. El equipo antimotín que permanentemente llevan debe ser fastidioso, especialmente con la ola de calor intenso que vive la ciudad de San Cristóbal con temperaturas promedio de 34 grados.

Barrio Sucre, Libertador, Pirineos, Quinimarí, el enlace vial, entre otros sectores viven este acompañamiento disuasivo. Es un mensaje permanente a la población sobre la intención del Gobierno de impedir que las cosas cojan el ritmo vivido hasta hace tres semanas.

Y menos con los ojos de la comunidad internacional pendientes en plenos diálogos de Paz.

Hay que reconocer que esta disuasión ha sido efectiva porque en los últimos días apenas se han presentado pequeños escarceos. Algunos residentes los ignoran: pasan a su lado como si no existiesen expresando con su actitud su rechazo. Otros los evaden para no tropezar con ellos.

Algunos pocos intercambian, quizás porque se han convertido en sus clientes. Para la mayoría son una visita fantasma que intenta matar su aburrimiento piropeando a las muchachas, fumando o hablando sobre lo mal que comen y duermen.

## ¿Normalidad?

Frenéticamente los colegios y los centros educativos que duraron dos meses sin clases intentan recuperar el tiempo perdido. Dos semanas de reuniones con padres y representantes, de Asambleas, contactos.

En una de las asambleas la Directora de uno de los planteles, expresaba toda la disposición del colegio para extender días hábiles de clase, de flexibilizar los horarios, de tener permanente presencia de los docentes en los salones de clase.

En nuestra asamblea la opinión mayoritaria fue la de evitar la vuelta a clases de los alumnos hasta que las cosas en la calle demostraran estar calmadas. Se multiplicaron los testimonios de tristeza y miedo.

La ola de allanamientos a residencias de ciudadanos sancristobalenses y que fue vivida por varios de los presentes alentó el temor. "A mi vecino le destruyeron las rejas y las puertas", "En nuestro edificio se metieron allanando ilegalmente sin orden", "Detrás de mi venía la Guardia en motos y me tuve que parar por el miedo". Frases que se repetían.

Una simple asamblea de Padres y representantes se convirtió en un mecanismo para drenar la propia experiencia traumática. Los niños volverán físicamente al plantel cuando se vea la tranquilidad real en las calles, mientras cada representante asumirá la responsabilidad de enviar a su hijo al salón.

## No son barricadas pero…

La protesta sigue. Ha evolucionado y se adapta a la presencia militar y policial. Vecinos que se reúnen todas las noches a rezar, los católicos, a orar, los cristianos evangélicos. Se invoca con fuerza su presencia y protección.

Caminar por la calle y encontrar mensajes en papel de reciclaje: "Ya basta de tanta inseguridad, somos el país más inseguro del mundo y quedó demostrado que no es por falta de uniformados".

"Si realmente quieren paz desarmen a los colectivos", "Basta de colas, queremos anaqueles llenos".

Concentraciones que paran el tránsito en ciertos puntos y a horas pico de manera momentánea. Vehículos cuyos choferes ponen a sonar las cornetas al pasar al lado de los militares apostados en diversos puntos de la ciudad, grafittis que se multiplican como también se multiplica la pintura que busca borrarlos de las paredes para luego volver aparecer.

Muchachos que toman con pancartas centros comerciales para escenificar situaciones, enviar y distribuir mensajes o vecinos que se apostan en esquina para expresar su oposición al gobierno. La protesta se hace más inteligente pero no por ello menos retadora.

Estudiantes que levantan campamentos al lado de las carpas militares compartiendo espacios comunes…

Y en un cacerolazo el comentario entre dos mujeres y la rápida respuesta:

"¡Cuidado que por allí los guardias estacionaron las motos!... No importa… ¿y tú crees que van a reprimir a unas mujeres, unos muchachos y ancianos?... ¡Que se vengan!"

Sin duda es como vivir al lado de un volcán. Hay un exceso de normalidad.


14 de abril de 2014

95

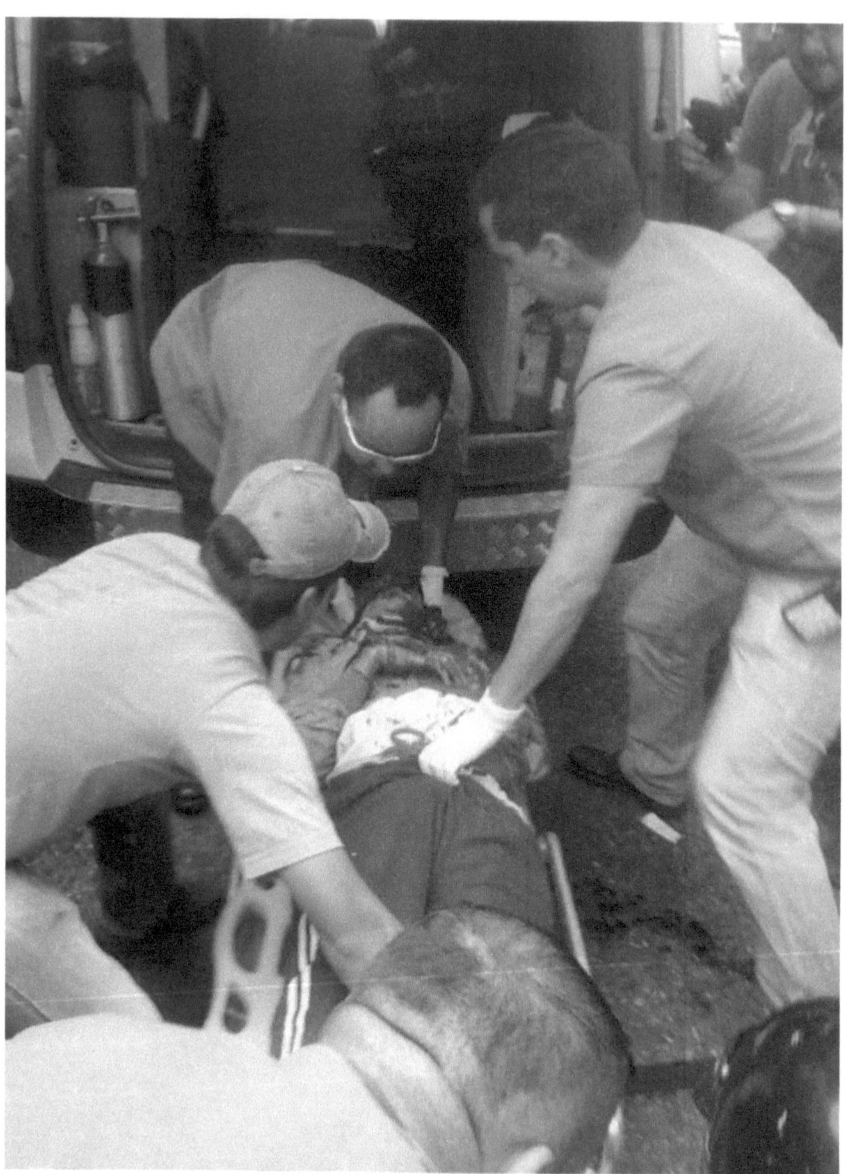

*Kluiver Roa estudiante de bachillerato de 14 años de edad, otra víctima de la violencia política.*

# CUANDO EL FUTURO CAE ASESINADO

*La absurda muerte de un joven de 14 años de edad por parte de un funcionario policial en el Táchira, revive el fantasma de las protestas del año 2014 y llena de ira a la ciudad más rebelde de Venezuela.*

Su camisa colegial empezó a teñirse de rojo mientras su cuerpo yacía boca abajo en la calle. Alrededor de él un terrible alboroto, lleno de gritos, insultos, golpes, gases y la huida precipitada de unos policías nacionales perseguidos por pocas personas que lograron reaccionar ante lo que acababa de ocurrir.

En el pavimento la vida se le escapaba a Kluiver Ferney Roa, mientras un hombre y una joven trataban de ayudarle, de aliviar su dolor, de hacer algo en la inmediatez. Pero el destino ya había sentenciado: la muerte.

Estudiante de bachillerato de 14 años de edad, fue asesinado por una herida producida por arma de fuego según su acta de defunción. Habría recibido un disparo en la cabeza accionado por el Policía Nacional Bolivariano Javier Mora, detenido por las autoridades e imputado por el Ministerio Público ante un Tribunal por este hecho.

El suceso, narrado por los testigos y su padre, es demoledor: Kluiver no estaba involucrado en la protesta, simplemente estaba en rumbo a encontrarse con su mamá cuando fue envuelto por la situación. En un momento los PNB reprimían con gases y perdigones a los estudiantes en protesta, quienes perseguían en sus motos a los manifestantes.

El muchacho estaba allí en ese momento.

Un testimonio de una de las estudiantes presentes en el sitio señala que Kluiver escapaba con otros dos manifestantes buscando refugio en una casa y que, al no alcanzar a tiempo a entrar a la misma, se escondió debajo de un vehículo de donde fue sacado por efectivos policiales.

Allí la historia se vuelve oscura: en un acto totalmente irracional y más cercano al ajusticiamiento, presuntamente y según las versiones, el oficial Javier Mora Ortíz, acercó su escopetín a la cabeza de Kluiver y lo descargó desencadenando la situación ya narrada.

Este hecho causó repudio nacional e internacional. La ciudad de San Cristóbal, reconocida como el origen de las protestas nacionales que, entre los meses de febrero y abril del 2014, puso a tambalear al gobierno del Presidente Maduro, se encontró en medio de un ambiente de protesta popular.

Y es que la ciudad vive en tensión, ya no por las colas por alimentos sino ahora por la violencia, con un mes de febrero caracterizado por acciones de calle encabezadas por estudiantes quienes han rechazado la represión oficial que suma a diario, nuevos detenidos.


### La Universidad irreverente

La universidad Católica es un recinto privado de prestigio en Venezuela y dirigido por sacerdotes jesuitas que han dejado marca en el colectivo regional. Muchos de sus alumnos pertenecen a la clase media del Táchira y es allí, en este grupo socioeconómico, en donde se concentra la mayor irreverencia al chavismo.

Desde los hechos del año pasado, la Católica, como se le dice, ha dejado de ser un centro de estudios aislado de los problemas, para convertirse, conjuntamente con las públicas Universidad de Los Andes y Universidad Nacional Experimental del Táchira, en un foco de permanente rebeldía y manifestación contra el régimen madurista.

Tiene dos sedes. La antigua, ubicada a pocas cuadras de la residencia de Gobernadores en el Barrio San Carlos de San Cristóbal y la nueva. Es por ello que, cada vez que la comunidad de la Católica sale a protestar, la reacción de las fuerzas de orden público es inmediata y contundente.

Se activa el reforzado anillo de seguridad de la Residencia de Gobernadores, hoy en manos del primer mandatario regional, el chavista José Gregorio Vielma Mora. Un anillo que parece más un cerrojo, caracterizado por la presencia de funcionarios de tres cuerpos de seguridad: Policía del Táchira, Policía Nacional Bolivariana y Guardia Nacional quienes, con equipo anti motín, barricadas e incluso tanquetas, han tratado de mantener a raya cualquier acceso a la residencia por parte de los manifestantes.

Y fue en las inmediaciones de su sede antigua en donde, hace tres semanas, un policía nacional accionó su arma de reglamento en contra de un grupo de manifestantes dejando un saldo de tres heridos lo que provocó la remoción de la plana mayor de este cuerpo policial en el estado y el actual encauzamiento de dos funcionarios, los efectivos de este cuerpo, Johan Riascos y Ángel Sierra, en los tribunales.

El general de Brigada Alexis Espinal asumió el mando de PNB en el Táchira y apenas días de su juramentación, otro oficial de este cuerpo policial, prácticamente en la misma zona del anterior incidente, dispara su arma contra un joven indefenso.

Es evidente que la experiencia del hecho de violencia anterior, no sirvió para nada.


**Ira e indignación**

El rumor corrió fuertemente en la calle hasta convertirse en noticia y, nuevamente, las redes sociales se transformaron en la fuente inmediata de información para los habitantes de esta ciudad quienes vieron las crudas fotos del cuerpo ensangrentado, los videos de los hechos y hasta el audio de dos presuntos testigos referenciales.

Estudiantes y ciudadanos salieron a protestar haciendo que San Cristóbal experimentara en las calles el mismo clima, la misma tensión del año 2014. Así fue destruido un módulo de la Guardia Nacional en la Plaza de Los Mangos en Barrio Obrero, quema de basura en la Avenida Carabobo, colocación de obstáculos en la avenida Marginal del Torbes, quema de cauchos en la autopista San Cristóbal/ La Fría a la altura de Táriba, hostigamiento al Cuartel Bolívar, sede del comando militar del Táchira, disparos y protesta en el sector Las Vegas, en Pirineos, Barrio Sucre y otras más.

Todo esto llevó a la suspensión de clases a todo nivel en la ciudad, del transporte público, al abarrotamiento en bodegas y supermercados. Y en la noche, San Cristóbal indignada, se llenó de gases lacrimógenos, perdigones e intentos de toma de intersecciones diversas. Las cacerolas activas cerraron la jornada de protesta.

Este miércoles 25, San Cristóbal a media marcha, agotó los periódicos, no tuvo actividad en oficinas públicas regionales y municipales, con una buena parte de las santamarias abajo y algunas rutas de transporte apenas funcionando. Una calma chicha mientras se realizaba las honras fúnebres del joven asesinado y su entierro al final de la tarde en la ciudad.

Una muerte y dos destinos

A las súplicas de los padres de Kluiver Roa, quienes clamaron por justicia en medios nacionales e internacionales, a la posición de voceros oficiales de todo nivel, empezando por el propio Presidente Maduro, la Fiscal General de la República, el Defensor del Pueblo, dirigentes políticos y sociales, se suma otra tragedia no menos importante.

La de un joven policía de 23 años de edad, Javier Osias Mora, principal acusado por los hechos. Al mirar sus fotos personales nada indica que pueda existir en él, una intención para matar, esa mirada de los criminales, esa sangre fría que los caracteriza. Pero los hechos parecen inculparle.

¿Qué hace que un joven asesine a otro?, ¿La ira?, ¿la falta de preparación?, ¿la presión?, ¿una orden?, ¿un autor intelectual?, ¿la suma de todos estos elementos?

En la ya eliminada cuenta de Facebook que poseía el policía, su mamá se expresaba con orgullo y emoción sobre su hijo uniformado, el mismo que hoy es señalado por un asesinato absurdo. Y la tristeza es mayor. Por un lado una familia destrozada que despidió a Kluiver con vida, lleno de sueños e ilusiones, quizás no como debía por aquello de la rutina.

Y hoy lo llora.

Por el otro lado, una madre que también llora, al ver otra vida destrozada. La de un joven policía que verá consumir sus mejores años tras las rejas, seguramente agobiado por el remordimiento. Un chivo expiatorio perfecto para el sistema.

25 de febrero de 2015

*Daniel Tinoco, horas antes de ser asesinado.*

# UNA RADIOGRAFÍA DE LA REPRESIÓN

*25 mil afectados, 200 detenidos, tres asesinados, centenares de heridos, allanamientos, libertad de expresión cercenada, es parte del balance del ciclo de protestas populares vividas en el Táchira entre febrero y abril del 2014.*

Durante los hechos de protesta popular vividos en el Táchira entre febrero y abril del año 2014 unos 25 mil habitantes de la ciudad de San Cristóbal fueron víctimas directas de violaciones a derechos humanos y terrorismo de Estado aplicado por fuerzas militares, Guardia Nacional, Policía del Táchira, Policía Nacional y grupos paramilitares amparados, directa o indirectamente, por el Gobierno Nacional.

Estas fuerzas arremetieron contra ciudadanos indefensos que protestaban en diversos sectores de la entidad como expresión de sus derechos frente al gobierno nacional.

Así se desprende del estudio elaborado por la oficina parlamentaria del Diputado tachirense ante la Asamblea Nacional Walter Márquez Rondón, defensor de los derechos humanos en el Táchira y quien ha venido desarrollando un minucioso trabajo de recopilación de los casos, pruebas y otros elementos que configuran, desde su punto de vista, una visión de una represión dirigida hacia un pueblo como el Tachirense y que debe ser conocida y sancionada por instancias nacionales e internacionales.

Mediante denuncias, notas de prensa de carácter regional, nacional e internacional, entrevistas, datos recopilados y conocimiento directo de los hechos, se ha ido elaborando un informe que pretende transformarse en memoria histórica que permita sancionar a violadores de derechos humanos y a quienes les dieron las órdenes de actuar con saña y desprecio por las leyes.

Asegura el informe preliminar elaborado por el Comité de Derechos Humanos de la Oficina Parlamentaria que hay informaciones muy serias que involucran al Estado venezolano, a través de los funcionarios y civiles, en violaciones al Estatuto de Roma, al Derecho Internacional Humanitario y al Derecho Internacional de los Derechos Humanos, tipificados como delitos de lesa humanidad.

Del informe se desprende que hubo detenciones arbitrarias, persecución política y judicial a ciudadanos por motivos políticos, actos inhumanos diversos, ataques a áreas civiles protegidas por el Convenio de Ginebra y otros acuerdos.

## Las estadísticas

La data sustentada, hasta los momentos, de los hechos entre febrero y abril del 2014, detalla ataques a 35 urbanizaciones, barrios y edificios residenciales, 7 clínicas y hospitales, 200 detenciones arbitrarias, 4 muertos, un número indeterminado de heridos, cientos de personas sometidas a torturas, tratos crueles, inhumanos y degradantes, violación de domicilios y allanamientos ilegales en la capital del Táchira, San Cristóbal como en otras ciudades del interior del estado.

Unas 25 mil personas en total, atendiendo a la densidad demográfica en los puntos de ataque de las fuerzas militares, policiales y paramilitares fueron la primera línea de choque de ciudadanos afectados.

Asegura el informe del Diputado Márquez que se utilizaron en los hechos de represión armas de fuego, perdigones, armas químicas, bombas lacrimógenas, tanquetas militares, sobrevuelo de aviones y helicópteros militares siendo afectada población de alto riesgo como niños, ancianos, personas con discapacidad y protegidos por convenios internacionales como personal médico, paramédicos y enfermeros.

Siete centros de salud fueron afectados por estas operaciones de control por parte del Estado llevando incluso al punto de tener que suspender operaciones y diversos niveles de intervenciones. Dos ancianatos y tres iglesias también recibieron el impacto directo de la acción represora de los cuerpos militares.

### 3 asesinatos

El 24 de febrero fallece Jimmy Vargas. El se encontraba en la urbanización Camino Real de San Cristóbal en protesta, cuando en una acción de efectivos de la Guardia Nacional recibió el impacto el rostro de una bomba lacrimógena que le hizo perder el equilibrio cayendo desde una altura de tres metros impactando su cabeza contra el piso. El golpe le ocasionó fractura de la región craneoencefálica, falleciendo de inmediato.

El segundo fallecido por la violencia de la represión fue el estudiante universitario Daniel Tinoco quien, en el sector de la avenida Carabobo, el 10 de marzo, se encontraba en compañía de otros estudiantes. Esa noche, colectivos armados y efectivos de la Guardia Nacional los sorprendieron recibiendo el joven un impacto de bala en el tórax. A los pocos minutos fallece en una clínica de la ciudad. Un día antes había sido entrevistado por diversos medios nacionales e internacionales y es por ello que su muerte fue ampliamente reseñada en el mundo.

Días después, en similares circunstancias, el 23 de marzo, otro ciudadano es asesinado. En esta oportunidad la ruleta mortal llega a Wilfrido Rey cuando un grupo de colectivos armados dispara en su contra alcanzándolo con dos impactos de bala: uno en la cabeza y otro en el brazo derecho. El hecho ocurrió en Barrio Sucre.

Varios de los ciudadanos atacados en sus protestas denunciaron el uso de armas de fuego y una combinación de operaciones entre grupos colectivos y efectivos uniformados.

### Libertad coartada

El informe del parlamentario tachirense describe cómo efectivos militares procedieron a propinar golpizas salvajes a jóvenes con limitaciones: síndrome de Down, sordos quienes, ajenos a la violencia desarrollada a su alrededor, se encontraron en medio de situaciones en donde salieron perjudicados al ser considerados, "enemigo", por parte del sector castrense.

La libertad de expresión y el trabajo periodístico también fue víctima de las agresiones. 12 denuncias por maltratos, daños a equipos, amenazas físicas y verbales realizadas por efectivos militares fueron recopiladas en el informe.

También se describe la agresión y robo de equipos a un grupo de corresponsales extranjeros por parte de colectivos armados, la agresión sufrida por tres periodistas del sector oficialista, uno de ellos que vio peligrar su vida al ser abaleado el vehículo que conducía.

La destrucción de una emisora, Universitaria FM, perteneciente a la Universidad de Los Andes y el apedreamiento sufrido por la sede de la corresponsalía del canal del Estado, Venezolana de Televisión.

Como se ve, también la comunicación fue víctima en el marco de la protesta popular.

### La ilegalidad en primer orden

No solamente se destaca la situación jurídica de 200 personas que fueron detenidas en los hechos, sino el inicio de procedimientos diversos, muchos de ellos sin ninguna prueba, que los llevó a tribunales.

Asimismo, posteriormente a la caída de las barricadas y con el auxilio de presuntos cooperantes, se desató en la ciudad una ola de allanamientos y violación ilegal de domicilios por parte de diversas autoridades quienes no presentaban orden judicial y procedían a realizar las acciones.

Sectores como Barrio Sucre, Residencias Camino Real, Residencias Torre Fiallo, Barrio Libertador, Residencias Altamira y Quinimari concentraron gran parte de las denuncias. Y así efectivos del Sebin, CICPC y policiales diversos procedieron a llevarse computadoras, celulares, pentdrives destruyendo propiedad privada y causando terror entre algunos de los ciudadanos que participaron en las protestas pacíficas.

Otros fueron detenidos en centros de salud cuando asistían a ser atendidos por heridas producidas en los hechos. Esta situación hizo que varios ciudadanos buscaran ser atendidos por médicos en sus casas u otros lugares huyendo a esta forma de represión.

El informe del parlamentario asambleísta Walter Márquez muestra la aberración de la represión en contra de ciudadanos indefensos, en clara desproporcionalidad de fuerza. El Táchira rebelde fue obligado a pagar su osadía.

3 de marzo de 2015

*A un año de las protestas la violencia policial e impunidad continuan.*

# Un año después

*Según la Fiscalía General de la República, la situación de protestas ocurridas entre febrero y abril del 2014 dejó un saldo total de 43 muertos, 878 lesionados y 3 mil 351 detenidos. Todavía en las cárceles venezolanas se encuentran 41 ciudadanos a quienes se les vincula con delitos mayores en estos hechos y cuyos procesos judiciales continúan.*

Pero muchas de estas muertes se mantienen bajo el manto de la impunidad. En ellas no se ha avanzado ni un centímetro para su esclarecimiento. El sistema judicial asume una gran deuda con sus familias.

Asegura en un informe, el Programa Venezolano de Educación-Acción en Derechos Humanos (Provea) que los hechos de la protesta popular de 2014 pusieron al descubierto varias cosas: un Estado como responsable del incremento en los niveles de violencia, un clima de impunidad en el acceso de los ciudadanos a justicia por los casos de violación de derechos humanos, la consolidación de la imagen de nuestro país como uno en donde más se han deteriorado estos derechos, la consolidación de grupos paramilitares como grupos de choque o de intimidación ciudadana y la suma de las exigencias políticas y sociales dentro de la protesta ciudadana.

También suma en este balance el sometimiento a juicio de dirigentes políticos como el propio Alcalde de San Cristóbal, destituido por sentencia del TSJ, Daniel Ceballos, y el dirigente de Voluntad Popular, Leopoldo López. Ambos presos en el complejo militar de Ramo Verde.

¿Se logró algo positivo de las protestas populares?, ¿De las acciones de calle?, ¿De tanta represión y sangre derramada? Las respuestas a estas preguntas aún se están escribiendo. Es la historia diaria de ciudadanos comunes, hombres y mujeres de la calle, tachirenses que mantuvieron en jaque a un gobierno con su protesta.

La única certeza es que las condiciones sociales y políticas que alimentaron al Táchira rebelde del año 2014, aún se mantienen. La rabia corre como lava al interior de una montaña haciendo prever que, a pesar de todo, el pueblo volverá a la calle.

*Alans Peralta, periodista tachirense y autor.*

# *SOBRE EL AUTOR*

Alans Peralta es periodista, Lic. en Comunicación Social (ULA-Táchira), Abogado (ULA) y Magister en Mercadeo (URBE, Maracaibo) con experiencia en los campos de la Comunicación Social (RADIO, PRENSA, TELEVISIÓN, PUBLICIDAD, ESTUDIOS DE OPINIÓN Y MERCADEO), a la que suma la Coordinación de eventos como el I Expocongreso del Transporte (2004) y el I Encuentro Latinoamericano de Mercadeo Territorial (2012).

Asesor de medios de comunicación, ha dirigido diversas empresas e instituciones recibiendo importantes reconocimientos como el Premio Regional de Periodismo 2004, en el campo audiovisual y el Premio de Promoción al Desarrollo Regional 2005.

Fundó su propia empresa, AP Consulting, dedicada al desarrollo de estrategias de mercadeo, imagen, gerencia y comunicación.

Alans Peralta publica el blog cronicasdelmasaca y puede ser contactado a través de su cuenta @alansperalta